Gerhard Schneemann

Studien über die Honorius-Frage

Gerhard Schneemann

Studien über die Honorius-Frage

ISBN/EAN: 9783744627023

Hergestellt in Europa, USA, Kanada, Australien, Japan

Cover: Foto ©Thomas Meinert / pixelio.de

Weitere Bücher finden Sie auf **www.hansebooks.com**

Berichtigungen.

Zum I. Bande.

S. 95, Z. 5 l. „des Nachfolgers des" reuig verstorbenen Patriarchen . .
S. 115, Note 1—3, und S. 116, Note 1—2 ist Pseudo-Ambrosius zu verstehen.
S. 143, §. 67 vorletzte Zeile l. 39 st. 29.
S. 147, §. 2, Z. 10 l. Hadrian I. st. Hadrian II.
S. 173, Z. 1 l. Constantin VIII. st. Leo der Weise.
S. 195, §. 21, Z. 4 l. welchen Papst Johann VIII. . . zurückrief und später (876) excommunicirte.
S. 204, Z. 1 l. 36 st. 46.
S. 204, Z. 2 ist nach dem Worte „ersteren" beizufügen: mehr, wenn auch nicht, wie der Patriarch Nectarius sagt, . .
S. 204, Note 1 l. von Stephan V. bis Benedict IX. (885—1044).
S. 229, §. 9, Z. 4 sind die Worte: „wie der Philosoph Rosmini und" zu streichen.
S. 293, letzte Zeile, letztes Wort, ist beizufügen: „hundert."
S. 320, §. 5, Z. 4 ist vor „geblieben" beizufügen: für jene Zeit wohl nicht abzusprechen, wenn auch nicht lange. .
S. 347, §. 32, Z. 7 l. im Symbolum st. im Ritus.
S. 362 in den Noten, letzte Zeile vor Note 1 l. Cydonius st. Cyconius.
S. 381, Z. 3 l. 1387 st. 1379.
S. 424, Note, l. V, 120 st. II.
S. 481, §. 24, Z. 2 l. 1714 st. 1704.

Zum II. Bande.

S. 5, Z. 16 v. o. l. Westflawischen st. Ostflawischen.
S. 27, Z. 9 l. selbst der Abt Theodosius und der Metropolit Johann I. in seinem geistlichen Canon hatte dieß nicht gethan.
S. 34, Z. 5, l. Lebus st. Lesbos.
S. 51, Z. 12, l. Asyl st. Eril.
S. 80, Z. 2 l. gesetz- (und rechtmäßig).
S. 382, Note, l. 1863 st. 1864.
S. 480, Z. 8 v. u. l. Benedict XIV. st. Benedict IV.
S. 624, Z. 9 v. u. l. 39 st. 41.
S. 686, §. 13, Z. 8 l. Gentian st. Gratian.
S. 716 und 751 l. Plessis st. Blessis.
S. 717, §. 28, Z. 5 l. Gran (Strigonium) st. Strigl.
S. 742, Z. 20 l. Erhöhung st. Erfüllung.
S. 742, Note 3 l. we st. me.
S. 747, Z. 10 v. u. l. Aussprüche st. Ansprüche.
S. 752 l. Bathori st. Barthori.

Einige kleinere Versehen wird der Leser selbst ohne alle Mühe berichtigen können.

Studien

über die

Honorius-Frage

von

G. Schneemann,
Priester der Gesellschaft Jesu.

(Vultis), ut ii, qui audient, ratione potius quam auctoritate ducantur. Quid si utroque? num pejus est?
Cic. Academ. pr. l. II. c. 18.

Freiburg im Breisgau.
Herder'sche Verlagshandlung.
1864.

Buchdruckerei der Herder'schen Verlagshandlung in Freiburg.

Vorrede.

Zweck dieser Brochüre ist, die Rechtgläubigkeit eines der kirchlichen Lehre treu ergebenen, wenn auch in Beschützung derselben nicht glücklichen Papstes zu vertheidigen. Zu diesem Behufe ist sein Leben, sowie das von der Kirche und der Wissenschaft über ihn gefällte Urtheil in kurzen Zügen dargestellt und eine Exegese jener Stellen hinzugefügt, auf welche man die Anklage gegen ihn zu begründen pflegt. Der Verfasser hätte gewünscht, daß es nicht nothwendig gewesen wäre, auf die Angriffe, welche in neuerer Zeit gegen Honorius geschehen sind, einzugehen, um die Polemik so viel als möglich fern zu halten. Doch da die Orthodoxie jenes Papstes von sehr angesehenen Geschichtsforschern bestritten wurde, konnte bei seiner Vertheidigung unmöglich von den Argumenten dieser Gelehrten abgesehen werden.

Sollte es dem Verfasser gelungen sein, etwas zur Aufhellung dieser viel bestrittenen Frage beigetragen zu haben, so würde seine Absicht erreicht sein.

Maria-Laach am Feste der hh. Apostel Petrus und Paulus 1864.

Inhalt.

		Seite
1.	Das Pontificat Honorius des Ersten	1
2.	Urtheil über Honorius	16
3.	Exegese der beiden Briefe des Honorius	38
4.	Bedeutung des Anathems über Honorius	58

Studien über die Honorius-Frage.

1. Das Pontificat Honorius des Ersten.

In jüngster Zeit hat sich die Aufmerksamkeit wiederum auf die Honorius-Frage gerichtet. Obwohl dieselbe nicht die Wichtigkeit hat, welche man ihr gewöhnlich beilegt, so bietet sie doch des Interessanten genug, um eingehender behandelt zu werden. Auch wird dieses nicht ohne Nutzen sein, da eine ruhige Erörterung gewisse Befürchtungen zerstreuen wird, welche aus der vermeintlichen Wichtigkeit jener Frage entstehen. Diese ruhige Erörterung anzubahnen, ist der Zweck der hier gebotenen Notizen aus dem Pontificate des genannten Papstes.

Honorius stammte aus einem vornehmen Geschlechte Campaniens und erhielt in Rom seine Bildung; wenigstens wird Gregor der Große sein Lehrer genannt [1], für den er immerbar in Wort und That die größte Verehrung zeigte. So schrieb er z. B. an König Edwin: „Beschäftiget Euch häufig mit der Lesung Eures Lehrers und meines Herrn Gregorius, habet seine Sorge für Eure Seele und seine Lehre vor Augen, damit sein Gebet Euer Reich und Volk mehre" [2]. Es gelang dem Honorius in der That, in mehr als einer Beziehung die Unternehmungen Gregors weiter zu fördern; doch wurde der Ruhm, den er sich hiedurch, sowie durch sein tugendhaftes Leben erwarb, völlig verdunkelt, als er sich durch seine Friedensliebe und durch griechische Tücke und Heuchelei zu einem höchst verderblichen Schritte verleiten ließ. Seine Zeitgenossen aber, welche die unheilvollen Folgen dieses Schrittes noch nicht so klar durchschauten und auch dessen Verdammung von Seiten der Kirche noch nicht erlebten, spendeten dem Eifer, der Wissenschaft, der Klugheit und Sanftmuth des Papstes das größte Lob. Nicht nur sein Epitaphium rühmt dergleichen, sondern es nennt ihn auch der hl. Maximus [3] groß, ja göttlich, und preist seine überaus großen Vorzüge in religiöser Beziehung. Eine interessante Charakteristik von diesem Papste gibt uns

---

[1] Im Epitaphium des Papstes Honorius, Papebrochii Conatus Chronico-Hist. ad Catal. Rom. Pontif. p. l. p. 97.
[2] Bedae hist. eccles. II. 17.
[3] Maximi ep. ad Petrum in Collect. Anast. ed. Migne tom. 129. p. 575.

Jonas, der Gefährte des hl. Bertolf, welcher ihn persönlich kennen ge=
lernt hatte. „Er war, sagt Jonas in der Lebensbeschreibung jenes
hl. Abtes von Honorius [1], umsichtigen Geistes, ausgezeichnet durch Rath
und Wissenschaft, liebreich und voll Herablassung; er freute sich, in Ber=
tolf einen Gefährten gefunden zu haben, mit dem er fromme Gespräche
wechseln konnte, und fand so großes Wohlgefallen an seinem Umgange,
daß er sich nicht leicht von ihm trennen konnte." Dieses bescheidene,
gefällige Wesen schlug aber nicht, wie es leider häufig zu geschehen pflegt,
in nachsichtige Schwäche um, welcher Strenge und Ernst völlig fremd
waren. Mehrere Briefe, die uns Ivo und Deusdedit aufbewahrt [2], zei=
gen vielmehr den Papst voll Eifer für die kirchliche Disciplin, ja auch
für die peinliche Strafgerechtigkeit. Mit solchen Eigenschaften begabt,
wurde Honorius nach dem Tode Bonifacius' V. zum Papste gewählt,
und am 27. October 625 consecrirt [3]. Ein Blick auf die damalige Zeit
genügt, um die Schwierigkeit der Verhältnisse kennen zu lernen, in denen
Honorius den päpstlichen Stuhl bestieg. Im Osten hatte der Islam 622
seinen Siegeslauf begonnen, um die christliche Welt mit Feuer und
Schwert zu verwüsten. Im griechischen Reiche tauchten die monothele=
tischen Streitigkeiten auf, um diesen schwachen, entnervten Staat ange=
sichts der drohendsten Gefahren noch mehr zu verwirren; denn von allen
Seiten stürmten Feinde auf denselben los, und die Avaren drangen 626
sogar bis nach Konstantinopel vor. In Oberitalien dauerte noch das
Schisma von Aquileja fort, das wegen der Verdammung der sogenann=
ten drei Kapitel entstanden, in dem Hader zwischen Longobarden und
Griechen fortwährend Nahrung fand. Ja, es drohte wieder bedenklicher
um sich zu greifen, weil ein Schismatiker mit Hülfe der Longobarden
sich des Stuhles von Grado bemächtigt hatte. Dazu kam, daß die treff=
liche Königin der Longobarden, Theodelinde, welche mit großer Umsicht
ihre arianischen Unterthanen zur katholischen Kirche zurückzuführen suchte,
626 starb, und ihr Sohn Adelwald einem arianischen Verwandten den
Thron räumen mußte. Auch in Gallien brachen unter den schwachen
Nachfolgern Chlodwigs so viele innere Wirren aus, daß die Christiani=
sirung der heidnischen Unterthanen und Bundesgenossen dadurch wesent=
lich gehindert wurde. Noch ärger standen die Dinge in England, wo
kurz vor dem Regierungsantritte des Honorius eine schreckliche Reaction
des Heidenthums die schwachen Anfänge der christlichen Kirche unter den
Angelsachsen beinahe gänzlich unterdrückt hatte. Nur mit der größten

---

[1] Baronius ad a. 626.
[2] Siehe Jaffé Regesta Pontif. Rom. sub n. 1559. 1561. 1562. 1572. 1573.
1574. 1577.
[3] Hefele, Conciliengeschichte, Bd. III. S. 134.

Mühe hatte sich das Christenthum in dem kleinen Reiche Kent erhalten, alle übrigen Staaten der angelsächsischen Heptarchie waren heidnisch, und ein glühender Nationalhaß hielt die christlichen Briten ab, an der Bekehrung ihrer Feinde zu arbeiten.

So war die Zeitlage in der Christenheit, als Honorius auf den päpstlichen Thron stieg. Nach den furchtbaren Stürmen und Verheerungen der Völkerwanderung hatte sich noch keine feste Ordnung der Dinge gebildet; Europa war in den Geburtswehen einer neuen Zeit, und schon stand im Islam der Drache bereit, um die Geburt sofort zu verschlingen. Gewiß verwickelte Verhältnisse! Wie suchte Honorius diese Schwierigkeiten zu überwinden? Dadurch, daß er in die Fußstapfen seines geliebten Meisters, Gregors I., trat, nach dessen Maximen er zu regieren und das Große, welches derselbe begonnen, zu vollführen trachtete. Mit Recht rühmt denn auch sein Epitaphium solches von ihm:

Sanctiloqui semper in Te commenta magistri
 Emicuere, Tua tanquam animata manu.
Nam qui Gregorii sancti vestigia inisti,
 Dum sequeris cupiens et meritumque geris:
Aeternae lucis, Christo dignante, perennem
 Cum Patribus sanctis posside jamque diem.

Wie Gregor, wandte auch er seine besondere Fürsorge der Bekehrung der Angelsachsen zu, und Gott segnete seine Bemühungen mit solchem Erfolge, daß bei seinem Tode die katholische Kirche unter jenem Volke entschieden das Uebergewicht behauptete. Doch sehen wir kurz, wie dieses geschah.

Nach langem Zögern entschloß sich Edwin, das Christenthum anzunehmen. Mit ihm wurden seine Edlen und ein großer Theil seines Volkes von Paulinus, Bischof von York, getauft. Da Edwin Bretwalda (Oberherr der angelsächsischen Heptarchie) war, bot er seinen Einfluß auf, um auch benachbarte Fürsten zur Annahme des Christenthums zu bewegen. Auf diese Weise faßte durch die Bekehrung des Königs Corpwald die Kirche in Ostanglien Wurzel und gelangte unter der Leitung des Bischofes Felix bald zur Blüthe [1]. Der große Eifer, den Edwin zeigte, wurde in der ganzen Christenheit bekannt und fand überall die verdiente Anerkennung, besonders in Rom. Als darum die Gesandten dieses Fürsten dorthin kamen, um das Pallium für die beiden Erzbischöfe

---

[1] Bedae Hist. III. 18. Wilh. Malmesb. de gest. Pontif. l. II. Mabillon erzählt in seinen Annalen ad a. 627: Felix sei von Papst Honorius dorthin gesandt worden. Doch scheint diese Angabe auf einer Verwechselung zu beruhen, da weder die citirten Historiker, noch auch die Bollandisten (Vita S. Felicis 8 Mart.) etwas davon berichten, wohl aber angeben, Felix sei vom Erzbischof Honorius von Canterbury nach Ostanglien gesandt worden.

Honorius und Paulinus zu erbitten, bewilligte der Papst ihm freudig sein Gesuch und gewährte aus apostolischer Machtvollkommenheit die Erlaubniß, daß, wenn einer der beiden Bischöfe stürbe, der andere ohne Weiteres ihm einen Nachfolger weihen könnte. Beda hat uns zwei Briefe aufbewahrt[1], die Honorius in dieser Angelegenheit dem König und dem Erzbischof von Canterbury geschrieben. Aus beiden Briefen erhellt das große Interesse, das der Papst an der jungen Kirche Englands nahm, seine große Verehrung gegen den hl. Gregor und die lebendige Ueberzeugung von der Wichtigkeit des wechselseitigen Verkehrs der Bischöfe mit ihrem Haupte. Da wir bereits oben eine Stelle aus dem Briefe an Edwin mitgetheilt haben, vernehmen wir nun auch etwas aus dem Briefe an Honorius: „Unter den zahlreichen Wohlthaten, welche die Barmherzigkeit unseres Heilandes seinen Dienern gewähret, gibt die Freigebigkeit seiner väterlichen Güte uns gnädigst auch diese, daß sie durch brüderlichen Verkehr die einmüthige Liebe gleichsam uns vor Augen stellt. Hiefür danke ich unaufhörlich der göttlichen Majestät und bitte dieselbe inständigst, daß sie Ew. Liebden, welche durch die Predigt des Evangeliums segensreich wirket und die Regel[2] ihres Lehrers und Hauptes, Gregors, befolget, mit unwandelbarer Festigkeit stärke und der Kirche durch Eure Bemühungen noch größeres Wachsthum verleihe, damit so Eure und Eurer Vorgänger geistige Eroberungen in der Furcht und Liebe des Herrn durch gläubiges Wirken sich kräftigen und weiter ausdehnen." Darauf gewährt der Papst die oben erwähnte Bitte, „gezwungen, wie er sagt, durch die große Entfernung der englischen Kirche, damit kein Schaden irgendwie über dieselbe komme, sondern vielmehr die Frömmigkeit des Volkes in vollerem Maße wachsen könne." Diese Erwartung ging nicht in Erfüllung. Ein schrecklicher Sturm brach aus und verwüstete furchtbar die junge Kirche in Northumbrien und Ostangeln, da die Heiden unter ihrem Fürsten Penda von Mercien im Verein mit den Briten

---

[1] L. c. l. 17. 18. Wilhelm von Malmesbury theilt uns noch ein drittes Schreiben des Honorius mit, worin er dem Erzbischof von Canterbury die Primatialgewalt über England bestätigt. Obwohl in demselben das damals noch ungebräuchliche Wort Anglia vorkommt, vertheidigen doch die Bollandisten (Acta SS. Sept. VIII. p. 707) seine Aechtheit, besonders wegen der Autorität des Lanfrancus, der in seinem Streite mit dem Erzbischofe von York sich auf dieses Schreiben berief. Man könnte gegen die Aechtheit außerdem noch einwenden, daß Beda, welcher doch die bischöflichen Archive benutzt zu haben scheint, nichts von diesem wichtigen Schreiben sagt, daß ferner in demselben eine ganze Stelle wörtlich aus dem andern Briefe an den Erzbischof Honorius entnommen ist. Jaffé führt gleichwohl den Brief unter den ächten auf.

[2] Es ist dieß wahrscheinlich die Anordnung, welche Gregor I. dem Augustinus über das gemeinschaftliche Leben, das er mit seinem Klerus führen sollte (Beda l. c. l. 27), empfohlen hatte.

die christlichen Könige jener Länder besiegten und ermordeten. Doch noch während des Pontificates des Honorius sollte ein völliger Umschlag zum Bessern eintreten, als der christliche Oswald den Thron von Northumbrien bestieg. Nicht nur arbeitete er glücklich mit Hülfe des Irländers Aidan an der Bekehrung seines Volkes, sondern wandte auch seinen Einfluß als Bretwalda an, um benachbarte Fürsten für die christliche Religion zu gewinnen. Hierin wurde er vom Papste Honorius unterstützt. Dieser hatte nämlich den Birinus, welcher sich angeboten hatte, in das Innere Englands zu bringen und dort zu predigen, in Genua zum Bischofe für die englische Mission weihen lassen [1]. Der Glaubensbote landete in Wessex. Das Volk war in diesem Reiche so tief in den heidnischen Wahn versunken, daß er es für unnöthig hielt, weiter vorzubringen, und schon durch die Predigt in Wessex seinem dem Honorius geleisteten Versprechen zu genügen glaubte. Fand er doch gerade dort die für seine Predigt allergünstigsten Umstände. Der christliche Bretwalda Oswald war nämlich gerade damals an den Hof des Fürsten von Wessex gekommen, um dessen Tochter zu werben. Er hatte die Freude, nicht nur der Eidam, sondern auch der Taufpathe desselben zu werden. So sehr segnete Gott seine und des Birinus Bemühungen. Auch in Ostangeln gestalteten sich trotz der Verwüstungen dieses Landes durch die Heiden die Umstände günstig für die Kirche; denn der von jenen bestellte König Anna erklärte sich für das Christenthum, gründete Klöster und Kirchen und befestigte das Christenthum auf jegliche Weise. So erhielt unter der Regierung des Papstes Honorius die Kirche, welche vorher nur mit großer Mühe sich auf der südöstlichen Spitze der angelsächsischen Heptarchie gegen eine Reaction des Heidenthumes gehalten hatte, entschieden in ganz England das Uebergewicht. Denn es war gegen Ende dieses Pontificates fest begründet im Norden (Northumbrien), im Osten (Ostangeln), im Süden (Kent und Wessex), und da auch die britischen Stämme im Westen und Norden der Insel bereits christlich waren und, wie das Beispiel Aidans und seiner Genossen zeigt, anfingen, als Missionäre unter den Angelsachsen aufzutreten, wurde das Heidenthum, das besonders im Innern der Insel (Mercien) noch mächtig war, von allen Seiten gleichsam belagert, so daß der Ausgang nicht mehr zweifelhaft sein konnte.

Auch in anderer Beziehung war Honorius mit Erfolg für die Kirche Britanniens thätig, da es ihm gelang, wenigstens theilweise die Differenzen beizulegen, welche tief eingewurzelte Vorurtheile und ein furchtbarer Nationalhaß fast unheilbar gemacht hatten. Ein flüchtiger Blick auf

---

[1] Vita S. Birini bei Surius VI, p. 687. Wilh. Malmesbury, de gestis Pontif. ed. Migne t. 179. p. 1523.

die betreffenden Streitigkeiten wird uns dieß zeigen. Nachdem Gregor d. Gr. römische Missionäre nach England geschickt hatte, zeigte es sich bald, daß eine Verschiedenheit in Betreff einiger Disciplinarpunkte zwischen ihnen und den christlichen Briten bestand. Die hauptsächlichste Differenz war über die Osterfeier. Denn die Briten waren in den Stürmen der Völkerwanderung und in den nachfolgenden fortwährenden Kriegen mit den Angelsachsen an einer regen Verbindung mit Rom gehindert und hatten so noch den alten römischen Ostercyclus von 84 Jahren mit einer Modification von Sulpitius Severus beibehalten, während in Rom die Osterrechnung durch Victorius und Dionysius Eriguus verbessert und in vollständige Harmonie mit der orientalischen Weise gebracht war. Vergebens hatte der hl. Augustinus von Canterbury die Briten zu bewegen gesucht, diese Differenz aufzugeben. Sie blieben bei ihrer Sitte, welche nicht nur durch ihr ehrwürdiges Alter, sondern auch durch die Praxis so vieler Heiligen, wie eines Patricius, eines Columba und anderer geheiligt schien. Zu dieser Hartnäckigkeit trug ohne Zweifel der langgenährte Nationalhaß gegen die Angelsachsen bei, unter denen die römischen Missionäre wirkten. Ferner muß man auch die für die damalige Zeit ungeheure Entfernung Englands von Rom in Betracht ziehen, welche wegen der Schwierigkeit des wechselseitigen Verkehrs ein Verständniß verzögerte, wie auch bei Streitigkeiten in andern Missionen Aehnliches der Fall war. Dennoch fing man um das Jahr 628 im südlichen Theil Irlands an, das Osterfest mit der römischen Kirche zu feiern, und es hatte der Abt Lasreanus hieran einen großen Antheil. Die Einführung der römischen Osterrechnung verursachte aber große Streitigkeiten. Es versammelte sich eine Synode in campo Lene, und da man auch hier nicht zum Ziele kam, beschloß man, wie uns ein zuverlässiger Augenzeuge, der Abt Cummianus, berichtet [1], gemäß einem alten Canon der irischen Kirche nach Rom, dem Haupte der Städte, dem Orte, den der Herr erwählt, zu senden. Sie schickten also weise, demüthige Männer dorthin, wie die Kinder zu ihrer Mutter. Diese kamen nach glücklicher Reise im dritten Jahre zurück, und berichteten, was sie gesehen, wie sie dort am Osterfeste mit Pilgern aus der ganzen Welt zusammengekommen seien, welche alle einmüthig an demselben Tage mit der römischen Kirche Ostern feierten; dagegen wären die Briten gerade in jenem Jahre (631) um einen ganzen Monat von der allgemeinen Weise abgewichen. Man vermuthet mit Recht, Lasreanus, der an der Sache so großen Antheil genommen hatte und in Rom persönlich bekannt

---

[1] Der Brief ist bei den Bollandisten abgedruckt Acta SS. Oct. IX. 330. Man findet dort eine ausführliche Erörterung dieser Streitigkeiten. Ebenso bei Döllinger, Geschichte der christlichen Kirche I. 2. p. 173.

war, sei Mitglied jener Gesandtschaft gewesen, und in der That berichtet uns eine alte Lebensbeschreibung des Heiligen [1], er sei noch im hohen Alter nach Rom gekommen, dort von Honorius zum Bischofe geweiht und als sein Legat nach Irland gesandt worden. Vielleicht brachte er auch den Brief des Papstes mit, den der hl. Beda uns aufbewahrt. Wahrscheinlicher ist es jedoch, da Cummianus nichts von diesem Schreiben meldet, daß Honorius diesen Brief später verfaßte, um dem Berichte der Gesandten gegen die etwa noch Widerstrebenden größern Nachdruck zu verleihen. Honorius forderte in diesem Brief die Briten ernstlich auf, doch mit ihrer geringen Anzahl nicht Opposition gegen die gesammte Kirche und die Synodaldecrete der Bischöfe des ganzen Erdkreises zu machen. Die Bemühungen des Papstes blieben nicht ohne Erfolg; wenigstens erzählt Beda, im südlichen Theil Irlands hätten die schottischen Stämme auf die Ermahnung des Papstes [2] den römischen Gebrauch angenommen, während die andern Briten noch hartnäckig an ihrer alten Sitte festhielten.

Wie in Britannien, war Honorius bemüht, auch auf dem Continente die christliche Religion unter den Ungläubigen auszubreiten, und solche, welche Häresie oder Schisma von der Kirche getrennt hatte, wiederum zur kirchlichen Einheit zurückzuführen. Im gallischen Reiche arbeitete besonders der hl. Amandus an der Bekehrung der Heiden [3]. Er kam um diese Zeit nach Rom, und, durch den apostolischen Segen gestärkt, kehrte er mit neuem Muthe zur Mission zurück. Aehnliches lesen wir in dem Leben des hl. Monon, der aber kurz nach seiner römischen Pilgerfahrt in den Ardennen den Martyrtod erlitt [4]. Auch in Oberitalien suchte Honorius das Werk Gregors I. fortzusetzen; da ihm aber die Weise, wie er in die dortigen verwickelten Verhältnisse eingriff, bei oberflächlicher Anschauung zum Vorwurfe gemacht werden könnte, so sei es uns erlaubt, ganz kurz den eigentlichen Sachverhalt darzustellen. Es war nämlich die Bekehrung der Longobarden, welche durch die Bemühungen Gregors d. Gr., sowie der Königin Theodelinde den erfreulichsten Fortgang genommen, wieder in's Stocken gerathen. Der Sohn Theodelindens, König Adelwald, wurde nach dem Tode seiner Mutter vom Throne gestoßen und sein arianischer Schwager Ariowald an seine Stelle gesetzt. Ueber die Ursache dieses Thronwechsels schwebt noch manches Dunkel. Paulus Diafonus, der übrigens sonst nichts aus dieser Zeit zu erzählen

---

[1] Acta SS. Bolland. April. II. p. 547.
[2] Usser, Mabillon, Pagi, Döllinger und die Bollandisten bringen diese Notiz mit dem Briefe des Papstes Honorius in Verbindung.
[3] Siehe Mabillon's Annalen ad a. 627 und 631.
[4] Bolland. Oct. VIII. 363.

weiß, gibt als Grund der Absetzung Adelwalds einfach den Wahnsinn dieses Fürsten an [1]. Fredegar berichtet [2], Eusebius, Gesandter des Kaisers Mauritius († 602), sei im vierzigsten Jahre der Regierung Chlotars (624) zu Adelwald gekommen und freundlich von ihm empfangen worden. Er habe nun dem Könige eine gewisse Salbe gereicht, deren sich dieser arglos, ohne ihre unheilvolle Wirkung zu ahnen, bediente. Nachdem Adelwald aber solches gethan habe, sei er von Eusebius beredet worden und habe nun nichts Anderes mehr thun können, als wozu ihm Eusebius gerathen. So hätte er befohlen, die Ersten des Reiches insgesammt zu ermorden. Da er schon zwölf derselben hingerichtet, hätten die andern, um ihr Leben zu retten, ihn abgesetzt. Aus dieser, wenn auch fabelhaften Erzählung, sowie aus der Erwägung der damaligen Verhältnisse läßt sich unschwer das Wahre vermuthen. Schon Baronius bemerkt, daß Adelwald wohl nicht völlig wahnsinnig gewesen sei, weil sonst Honorius sich nicht so angelegentlich für seine Zurückführung beim Exarchen verwendet hätte. Dennoch war Wahnsinn der angebliche Grund, warum die unzufriedenen Großen ihn vom Throne stießen. Auch die Ursache der Unzufriedenheit erhellt aus der Erzählung Fredegars. Es war das große Einverständniß des Königs mit den Römern, welches den raubgierigen und beutelustigen Großen sehr unangenehm war und von ihnen als Zeichen des Wahnsinnes oder der Bezauberung ausgegeben wurde, nachdem Adelwald in Folge dieser Unzufriedenheit einige der Großen hatte hinrichten lassen. Auch ist wahrscheinlich, was Muratori meint [3], Ariowald, dessen Vater durch Agilulf hingerichtet war, habe diese Unzufriedenheit bis zur offenen Empörung geschürt, um so den Tod seines Vaters an Adelwald, dem Sohne des Agilulf, zu rächen. Wie dem nun auch sei, Honorius schmerzte es sehr, daß der Thron der Longobarden wiederum an einen Arianer gekommen war, und dieß mußte den Papst um so mehr betrüben, als er erfahren, daß selbst Bischöfe, uneingedenk ihres dem Agilulf geleisteten Eides, an der Absetzung des katholischen Königs sich betheiligt hatten. Es mochten dieß wohl schismatisch gesinnte Bischöfe sein, denen das Einverständniß Adelwalds mit dem griechischen Kaiser, um dessenwillen das Schisma von Aquileja ausgebrochen war, höchst mißliebig sein mußte. Aus entgegengesetzten Gründen erschien gerade dieses gute Einvernehmen Adelwalds mit Byzanz, sowie seine katholische Gesinnung dem Papste für die Kirche sehr förderlich, dagegen die Thronbesteigung des Arianers höchst schädlich; er schrieb [4]

---

[1] Pauli Diac. de gestis Longobard. IV. 43.
[2] Fredeg. Chronicon n. 49.
[3] Muratori, Geschichte Italiens ad a. 625.
[4] Honorii I. Ep. ed. Migne t. 80. p. 469.

deßhalb dem Erarchen Isaac und bat ihn bringend, doch den unglück=
lichen Fürsten, der von den meineidigen Großen und Bischöfen vertrie=
ben war, wiederum in sein Reich zurückzuführen. Aber die Erwartung des
Papstes wurde nicht erfüllt. Adelwald starb bald darauf, wahrschein=
lich eines gewaltsamen Todes, und Ariowald blieb im Besitze des Thro=
nes, ohne jedoch den Katholiken sich sehr feindlich zu zeigen. So war
dieser Plan des Honorius völlig mißlungen, nichtsdestoweniger ließ er
nicht ab, an die Bekehrung der Longobarden zu denken und wandte zu
diesem Zwecke ein anderes Mittel an, das, wenn es auch unscheinbar
und geräuschlos war, doch viel wirksamer sich erwies; er suchte nämlich
das Kloster, welches der hl. Columban in Bobbio gestiftet und das in
der Folge von der größten Wichtigkeit für Oberitalien wurde, auf jeg=
liche Weise zu heben. In der damaligen Zeit waren zwischen dem Abte
dieses Klosters, dem hl. Bertolf und dem Bischofe Proclus Streitigkeiten
in Betreff der Jurisdiction ausgebrochen [1] und der Bischof hatte die
Sache vor den arianischen König gebracht. Dieser aber erkannte besser
als jener Kirchenfürst, vor welches Forum dergleichen Sachen gehörten
und wies die beiden Parteien an den Papst. In Folge dessen machte
sich Bertolf auf den Weg nach Rom; Honorius fand große Freude am
Umgange mit diesem heiligen Manne; er forschte sorgfältig nach der im
Kloster herrschenden Disciplin, wahrscheinlich um zu erfahren, ob die
Schüler des hl. Columban noch an der britischen, von der römischen
abweichenden Osterfeier festhielten [2]; und als ihm zu seiner größten Be=
friedigung über Alles Auskunft geworden, als er gehört hatte, mit wel=
chem Eifer die Mönche auf die Hebung des Gottesdienstes und die
Uebung der Demuth bedacht wären, bestätigte er freudig die Eremtion
des Klosters [3]. Auch bei dieser Gelegenheit zeigte sich der große Eifer
des Papstes für die Verbreitung des wahren Glaubens. Täglich, so
berichtet uns ein Augenzeuge, der Gefährte des hl. Abtes, ermunterte
Honorius denselben, die arianische Irrlehre mit dem Schwerte des Evan=
geliums zu bekämpfen. Ebenso groß, aber viel erfolgreicher war der
Eifer des Papstes in der Beilegung des Schisma von Aquileja. Schon
oben haben wir erwähnt, daß gerade in jener Zeit diese Spaltung wieder
drohender wurde, weil ein schismatisch gesinnter Bischof, Fortunatus, sich
mit Hülfe der Longobarden des Stuhles von Grado bemächtigt hatte.
Nachdem er eine Zeit lang seine Gesinnung verborgen hatte, trat er bald
offener hervor. Doch fand sein Schritt keinen Anklang unter dem Klerus,

---

[1] Vita S. Bertolfi apud Baronium ad a. 626.
[2] Mabillon Annales O. S. B. ad a. 628.
[3] Quatenus nullus episcoporum in praefato coenobio quolibet jure do-
minari conaretur. Baronius l. c.

er mußte weichen und floh zum longobardischen Herzog von Friaul, wohin er auch die geraubten Kirchenschätze von Grado brachte [1]. Honorius, welcher vom Klerus hiervon benachrichtigt wurde, trat dem Treiben des Fortunatus kräftig entgegen. Er setzte denselben ab, ernannte seinen Regionar Primogenius zum Metropoliten von Grado und forderte die Bischöfe Istriens auf, denselben anzuerkennen. Zugleich schickte er zum Könige der Longobarden, um die geraubten Kirchenschätze wieder zu erhalten. Dieß war freilich vergebens; glücklicher jedoch war er in der Ernennung des Primogenius. Es gelang ihm, nicht nur die katholischen Bischöfe, sondern auch mehrere schismatische zur Anerkennung dieses Metropoliten zu bewegen und auf diese Weise um ein Bedeutendes das große Werk weiter zu führen, das Gregor d. Gr. mit der Zurückführung der mailändischen Kirchenprovinz zur kirchlichen Einheit begonnen hatte. Durch diese Annahme wird wohl am besten das Lob, welches das Epitaphium dem Honorius gibt, mit andern sichern Angaben in Einklang gebracht. Jenes Epitaphium sagt nämlich, Honorius habe das Schisma von Istrien beigelegt, und diese Worte scheinen nicht aller Wahrheit zu entbehren, da ein anderes von Grater aufbewahrtes Epigramm ganz dasselbe von Honorius rühmt; von der andern Seite schreibt Beba ausdrücklich, erst unter dem Papste Sergius hätte dieses Schisma ein Ende genommen. Wie läßt sich beides vereinen? Dadurch, daß man die in ähnlichen Gedichten nur zu häufige Figur der Hyperbel in jenem Epitaphium annimmt. Nicht alle schismatischen Bischöfe kamen zur katholischen Einheit zurück, einige jedoch thaten diesen Schritt, indem sie den von Honorius geschickten Metropoliten anerkannten [2].

Da uns der Faden der Geschichte nach Italien geführt, verweilen wir einige Augenblicke in der Hauptstadt dieses damals schon zwei Jahrhunderte durch Krieg und Fehden arg verwüsteten Landes, denn auch hier hat Honorius bleibende Denkmäler seines Eifers hinterlassen. Viel

---

[1] Wenn P. Damberger behauptet: „Das Bruchstück eines Breve des Papstes Honorius läßt erkennen, daß der Patriarch Fortunat von Grado, welcher das Schisma endigen wollte, aber nicht nach dem Sinne der Byzantiner und Venetianer, es mit den Gewalthabern der Republik verdarb", so urtheilt er offenbar zu günstig über den Fortunat, den Honorius einen Judas, Deo rebellis et perfidus, lupus saeviens, in baratrum suae caecitatis corruens und einen Kirchenräuber nennt. Zur Zeit, wo der P. Damberger schrieb, war jedoch der Brief des Honorius noch nicht ganz bekannt, da erst Jaffé in seinen Regesten den Anfang desselben mitgetheilt hat. Auch darin irrt P. Damberger, daß er die Worte Christianissima respublica, die sich in dem Briefe des Honorius befinden, mit Baronius und Andern auf die Republik Venedig bezieht. Vergl. Muratori, Geschichte Italiens ad a. 630.

[2] Vergleiche hierüber die vortreffliche Abhandlung der Bollandisten, welche in neuerer Zeit eingehend die Sache untersucht haben. Acta SS. Oct. VIII. p. 906.

Gutes, heißt es bei Anastasius [1], hat dieser Papst gethan. Dann wird zuerst von ihm erzählt, daß er seine Bemühungen der Ausbildung des Klerus zuwandte; ganz besonders aber wird seine Freigebigkeit in der Erbauung und Ausschmückung der Kirchen gerühmt. Anastasius zählt eine Reihe solcher Gotteshäuser auf [2]; ja, wenn wir seinen Worten Glauben schenken dürfen, hat Honorius außer mehreren kleinen Geschenken über 2500 Pfund Silber zum Kirchenschmucke hergegeben. Wahrlich, eine so außerordentliche Freigebigkeit läßt auch auf einen ungewöhnlichen Eifer für die Ehre Gottes schließen. Auf diese Weise war Honorius bemüht, den christlichen Glauben unter den Heiden zu verbreiten, Irrgläubige und Schismatiker zur kirchlichen Einheit zurückzuführen, die Religion durch Bildung des Klerus und Ausschmückung der Kirchen zu heben und so die großen Plane seines theuren Lehrers, Gregor I., auszuführen. Wir sahen dann auch, wie Gott dieses redliche Streben mit Erfolg krönte. Leider können wir nicht dasselbe von dem sagen, was er in den Verwickelungen, welche ihm die griechische Kirche bereitete, gethan hat. Auch hier fehlte es ihm gewiß nicht an gutem Willen, aber er war der griechischen Heuchelei und Tücke nicht gewachsen, und so ließ er sich zu jenem unheilvollen Schritte verleiten, welcher die hehre, unbefleckte Reinheit, die Petri Stuhl im Kampfe gegen die Häresie bewahrt hat, wenn nicht befleckte, doch einigermaßen in Schatten setzte. Vernehmen wir im Einzelnen, wie solches geschah.

Der Monophysitismus hatte von seinem Ursprung an im griechischen Reiche und besonders in Aegypten einen starken Anhang; daher bemühten sich die Kaiser eifrigst, diese mächtige Partei mit der Kirche zu versöhnen, um dadurch die dem Staate so schädliche Spaltung zu heben. Kein Mittel ließen sie unversucht: Gewalt, Novellen, Synoden, Religionsgespräche, Compromisse. Aber Alles half wenig; im Gegentheil, man machte häufig dadurch den Riß nur um so größer und verursachte neue Spaltungen. Hatte doch selbst die fünfte allgemeine Synode, die eben veranstaltet wurde, um durch die Verwerfung der drei Kapitel die Monophysiten mit dem Concil von Chalcedon zu versöhnen, ein langwieriges Schisma im Abendlande hervorgerufen. Am verderblichsten aber wirkten die Compromisse mit der Häresie, zu denen die Büreaukratie, wie auch die Geschichte der neuern Zeit beweist, so sehr geneigt ist.

---

[1] Ed. Migne t. 128. p. 699.
[2] Unter diesen erwähnt er besonders der Kirche der hl. Agnes. Hiemit stimmt eine alte Beschreibung der hl. Orte in der Nähe Roms überein, wenn sie von dieser Kirche sagt: Formosa est et ipsam Honorius Episcopus miro opere ornavit. Auch Baronius theilt einige Verse auf Honorius, die in der Apsis jener Kirche gelesen wurden, mit. (Acta SS. Bolland. Oct. IX. p. 318. Baronius ad a. 638.)

So hatte das Henotikon des Zeno weder die Katholiken noch die Monophysiten befriedigt und zudem eine vorübergehende Trennung der orientalischen von der abendländischen Kirche bewirkt. Dennoch ließ sich Sergius, Patriarch von Konstantinopel, durch die Verderblichkeit solcher Versuche nicht abschrecken, ein ähnliches Unionsmittel, den Monotheletismus, auszuhecken [1]. Er gewann für denselben mächtige Gönner. Der Kaiser Heraklius selbst machte auf seinen Kriegszügen gegen die Parther mannigfachen Gebrauch davon, um die Monophysiten für die katholische Kirche zu gewinnen. Auch Cyrus, Patriarch von Alexandrien, ließ sich hierzu verleiten und so brachte er 633 die Vereinigung einer monophysitischen Sekte, der Theodosianer, mit der Kirche zu Stande. Schon damals aber fand der Monotheletismus einen gewandten Gegner in dem ebenso gelehrten als heiligen Mönche Sophronius [2], der auf seinen vielfachen Reisen bis nach Rom gekommen war. Da er von Cyrus über diesen Unionsversuch gefragt wurde, rieth er ihm ernstlich davon ab und reiste, da seine Vorstellungen nichts fruchteten, nach Konstantinopel zum Patriarchen Sergius, ohne zu ahnen, daß dieser gerade der vorzüglichste Gönner des Monotheletismus war. So geschah es, daß der schlaue, heuchlerische Grieche einen Mann wie Sophronius zu dem Versprechen bewog, künftighin nicht mehr von zwei Energien in Christus zu reden. Da aber Alles darauf ankam, auch den Papst Honorius zu gewinnen, schrieb Sergius demselben einen in seiner Art meisterhaften Brief [3], der wegen seiner Wichtigkeit nun unsere Aufmerksamkeit auf sich zieht. In der Einleitung heuchelt Sergius die größte Anhänglichkeit an den hl. Stuhl, den er, wenn es möglich wäre, täglich um Rath fragen möchte. Obwohl er der Urheber des ganzen Streites ist, gesteht er dieses nirgends ein, sondern schiebt den Kaiser Heraklius vor, der damals durch die Siege über die Perser, durch die Eroberung des heiligen Landes und des heiligen Kreuzes, sowie durch die vielfachen Bemühungen, die Monophysiten mit der Kirche zu versöhnen, sich in der ganzen Kirche den größten Ruhm erworben hatte. Dann beschreibt er mit vieler Uebertreibung und überschwänglichen Ausdrücken die Union der Monophysiten

---

[1] Döllinger hat in seinen Papstfabeln S. 132 diese Lehre gut auseinandergesetzt, wenn er sagt, die Monotheleten hätten in Christus nur einen einzigen, den göttlichen oder gottmenschlichen Willen, d. h. einen vom Logos aus und durch die menschliche Natur gleichsam nur hindurchströmenden Willen angenommen, einen Willen, in dem nur der Logos der Wollende, der activ sich Verhaltende, die menschliche Natur aber rein passiv ist. Was hier von der Willensthätigkeit gesagt wird, dehnten die Monotheleten natürlich auch auf die übrige Wirksamkeit der Natur (Energie) aus.

[2] Siehe sein Leben bei den Bollandisten Acta SS. Mart. II. p. 65.

[3] Bei Harduin III. 1309.

mit der Kirche, welche Cyrus in Alexandrien durch die Lehre von Einer Energie bewirkt hatte. Als nun Streitigkeiten ausgebrochen, hätte er alles Mögliche gethan, um dieselben zu beschwichtigen, den Patriarchen Cyrus, ja den Kaiser selbst ermahnt, doch nicht von Einer Energie in Christus zu sprechen, aber auch den Sophronius bewogen, nicht mehr zwei Energien zu behaupten. Nichtsdestoweniger läßt Sergius durchblicken, es sei dem Dogma angemessener, nur Eine Energie in Christus zu setzen. Während Sophronius auch nicht eine einzige Stelle aus den heiligen Vätern für seine Ansicht von zwei Energien anzuführen gewußt, hätte er auf Befehl des Kaisers einige Väterstellen aus einem Briefe des Mennas an den Papst Vigilius [1] excerpirt, in denen von Einem Willen, sowie von Einer Energie in Christus die Rede wäre. Zudem müßte man, falls eine zweifache Energie im Gottmenschen angenommen würde, in demselben auch zwei sich einander widerstrebende Willen annehmen, dieß sei aber unmöglich, denn in Einem Subjecte könnten nicht zwei, noch dazu in einem und demselben Punkte (entgegengesetzte) Willen sein. Außerdem habe nach der Lehre der hl. Väter die Menschheit in Christus ganz und gar unter dem Impulse der Gottheit gestanden, wie unser Körper Bewegung und Leitung von der vernünftigen Seele empfange. Dennoch sagt er, den Großmüthigen spielend, da die Kirche nichts definirt hätte, wäre es am besten, die ganze Streitfrage, welche die Union der Monophysiten und damit das Heil so vieler Tausende auf's Spiel setze, ruhen zu lassen und sich an das zu halten, was bereits von der Kirche klar ausgesprochen sei. Als solches hebt er richtig hervor, daß ein und derselbe Christus Göttliches und Menschliches wirke, daß jegliche, sowohl göttliche als menschliche Thätigkeit auf die Eine Person müsse bezogen werden, und daß endlich jede der beiden Naturen das ihr Eigenthümliche in Gemeinschaft mit der andern wirke. Schließlich unterwirft er sich Allem, was Honorius entscheiden werde. — Wie Sophronius wurde auch Honorius durch die heuchlerischen Betheurungen des Griechen überlistet und er schrieb an Sergius jenen bekannten Brief [2], um dessentwillen später das Anathem über ihn gesprochen wurde. Er pflichtete darin der Ansicht des Sergius bei, daß man weder von Einer, noch auch von zwei Energien in Christus reden solle. Unnütze Wortklaubereien solle man den Grammatikern und Philosophen überlassen. Für den Gläubigen genüge das, was bereits in dieser Sache entschieden sei. Auch er betont dann wiederholt als solches, daß ein und derselbe Christus in zwei Naturen wirke. Vergleichen wir die Briefe des Sergius und Honorius mit einander, so finden wir, daß der Papst sich sorgfältig hütet,

---

[1] Dieser Brief ist unächt, wahrscheinlich von Sergius selbst untergeschoben.
[2] Bei Harduin III. 1319.

dem Sergius auf seinem schlüpfrigen Wege zu folgen. So vermeidet er mit der größten Aengstlichkeit, der Lehre von Einer Energie den Vorzug zu geben, wie Sergius es gethan. Freilich geht er auf den Satz ein, den Sergius für die Lehre von Einer Energie ausgesprochen, daß nämlich in Christus kein Widerspruch der Willen sein könne; sowie er sich aber hütet, daraus den Schluß zu ziehen, den Sergius gemacht (Eine Energie in Christus), so erörtert er auch nicht die Gründe, welche Sergius für diesen allerdings wahren Satz aufgestellt hatte, sondern hebt richtig ein anderes Argument hervor, daß nämlich Christus die unverdorbene menschliche Natur angenommen habe. Er erörtert jedoch dieß nur nebenbei [1], denn Sergius hatte ihn nicht hierüber, sondern einzig und allein deßhalb um Rath gefragt, ob er recht hatte, das Stillschweigen über Eine oder zwei Energien anzuempfehlen. So gut dieser Brief des Honorius auch gemeint sein mochte, er wirkte doch höchst schädlich; denn Sergius und sein Anhang schützte für sein Treiben den Brief des Papstes vor, und so gelang es ihm, den Kaiser Heraklius zum Erlasse der Ekthesis zu bewegen, welche das ganze Reich verwirrte. Da die Monotheleten sich wenig aus ihrem gegebenen Worte machten, hielt sich auch Sophronius durch sein Versprechen nicht gebunden. Nach seiner Erhebung auf den Patriarchenstuhl von Jerusalem sprach er auf einer Synode das Dogma von der zweifachen Energie in Christus offen aus und schickte zugleich Gesandte nach Rom, um den Papst von seiner Wahl zu benachrichtigen und seinen Schritt zu rechtfertigen [2]. Honorius ließ sich hiedurch nicht von dem einmal betretenen Wege abbringen, den er für den Frieden der Kirche nothwendig erachtete; er mahnte [3] die orientalischen Patriarchen ab, von Einer oder zwei Energien zu sprechen. Nichtsdestoweniger sprach er deutlich die orthodoxe Lehre aus; denn wenn er in diesem Briefe sagt, in Christus seien zwei Naturen, welche unvermischt (inconfuse) das ihnen Eigenthümliche wirken, so verbietet er, die Energien beider Naturen zu confundiren, und unterscheidet somit offenbar zwei Energien in Christus [4]. Aber warum schreckt er denn so

---

[1] Daß Honorius mit den Worten: „Wir bekennen Einen Willen" keine Entscheidung ex cathedra erlassen wollte, ist durch eine gründliche Darlegung im Dezemberheft des Katholiken 1863 S. 681 gezeigt worden.
[2] Der libellus synodicus sagt, Sophronius habe das Synodalschreiben nicht nur an Sergius, sondern auch an Honorius geschickt. Harduin V. 1535. Vgl. Hefele, Conciliengesch. III. 138.
[3] Das Fragment des Briefes an Sergius ist uns in den Acten der sechsten Synode erhalten. Harduin III. 1351.
[4] Auch Hefele behauptet, daß Honorius hiemit das Dogma ausgesprochen (Conciliengesch. III. S. 147). Neander sagt gleichfalls, diesen Worten des Honorius läge die Annahme von zwei Wirkungsweisen zu Grunde. Ja, selbst Bossuet ge-

sehr vor diesem Ausdruck zurück? Es war die Furcht, neue Streitigkeiten und Spaltungen im Orient hervorzurufen und die Union so vieler Monophysiten in Frage zu stellen. Arge Täuschung! Die Union war nie in dem Umfange zu Stande gekommen, wie Sergius behauptet, und zudem so nichtig, daß die Monophysiten lachend sagten, die Katholiken wären zu ihnen zurückgekehrt, nicht aber sie zu den Katholiken. Der Friede war aber schon längst entschwunden und wurde durch die falsche Maßregel des Honorius nicht zurückgerufen, schon deßhalb nicht, weil dieselbe so inconsequent war. Der Papst spricht das Dogma unverhohlen aus und will nichtsdestoweniger einen treffenden Ausdruck dafür unterdrücken. Da wir von diesem zweiten Briefe nur Fragmente ohne Datum haben, läßt sich die Zeit desselben nicht mehr genau bestimmen. Doch, wenn wir erwägen, daß er zugleich mit der Antwort auf das Synodalschreiben des Sophronius abgefaßt, dieses aber von den Gesandten des Patriarchen bald nach seiner Wahl (634) zum Honorius geschickt wurde, so wird der Brief schwerlich einem andern Jahre als 635 angehören. Honorius lebte nach der Abfassung des Briefes noch wenigstens drei Jahre. In dieser Zeit folgten die Ereignisse im Orient schnell aufeinander: unaufhaltsam drangen die Araber vor, bezwangen die Perser, eroberten Syrien, ja sogar Jerusalem 638. Unterdessen fuhren die monotheletischen Streitigkeiten fort, das Reich zu zerrütten, und ungescheut verbreiteten die Monotheleten das Gift ihrer Lehre. Ob dieß Honorius die Augen öffnete, ob er jetzt die Ränke des Sergius durchschaute und mißbilligte, wissen wir nicht; es sind keine Actenstücke hierüber auf uns gekommen. Nur das steht fest, daß der hl. Marinus ihn an zwei Stellen zu den entschiedenen Gegnern der Monotheleten und zwar mit der größten Emphase rechnet [1].

---

sieht, daß diese Worte orthodox im höchsten Grade scheinen (Defensio declar. VII. c. 22).

[1] Am Schlusse des Briefes an Marinus wundert sich Maximus gerade mit Beziehung auf Honorius, dessen Worte nach dem Zeugnisse des Abtes Anastasius von den Monotheleten verdreht seien, über die Verschmitztheit dieser Menschen, welche selbst diejenigen, die muthig gegen sie gekämpft hätten (τοὺς ἐκθύμως κατ' αὐτῶν ἀγωνιζομένους), für sich anführten und ihre Worte fälschlich auslegten. Ebenso führt Maximus in seinem Brief an Petrus den Honorius unter den Gegnern der Monotheleten mit den Worten auf: Quid autem et divinus Honorius? Nach solchen Worten eines gleichzeitigen, mit den Verhältnissen genau bekannten unverdächtigen Zeugen scheint Honorius sich entschieden gegen die Monotheleten ausgesprochen zu haben, und da er dieses in den beiden Briefen an Sergius nicht gethan, muß er sich in anderer Weise über den Monotheletismus geäußert haben. Pagi bringt in seinem Breviarium gestorum Summor. Pontif. aus orientalischen Quellen noch ein anderes Zeugniß für die Orthodoxie des Honorius, das jedoch nicht nur unsicher, sondern sehr verdächtig ist.

Nach solchem Wirken starb Honorius am 11. October 638, betrauert von seinem Klerus, der in dankbarer Erinnerung seines verdienstvollen Lebens an seinem Grabe mit folgenden Worten sein Andenken feierte:

Pastorem magnum laudis pia praemia lustrant;
Qui functus Petri hic vice, summa tenet.
Effulsit tumulis nam Praesul Honorius istis,
Cujus magnanimum nomen honorque manet.

2. Urtheil über Honorius.

Nachdem wir so das Leben des Honorius bis zu seinem Tode verfolgt, liegt uns zunächst ob, ein richtiges Urtheil über sein Verhalten in den monotheletischen Streitigkeiten uns zu verschaffen. Denn hierüber sind die verschiedensten Meinungen geäußert worden. Sehen wir unbefangen, welches die richtige ist. Vor Allem ist klar, daß Honorius nicht ein formeller Häretiker gewesen ist; denn seine ganze Geschichte kennzeichnet ihn als einen Mann voll Eifer für den katholischen Glauben. Fehlte er gegen die Reinheit oder die Interessen der katholischen Religion, so hat er es aus Irrthum gethan und seine Briefe wahrscheinlich in der allerbesten Absicht geschrieben. Er wollte nämlich den Ausbruch von Glaubensstreitigkeiten und den Abfall so vieler mit der Kirche versöhnten Monophysiten verhindern. Und wahrlich, wer auch nur oberflächlich mit der Geschichte der griechischen Kirche vertraut ist, wird sich nicht wundern, daß ein Papst, dieser unaufhörlichen Zänkereien des Orients müde, in dem Eifer, Ruhe und Frieden dort zu erhalten, über das rechte Maß hinausgehen konnte. Von der andern Seite ist es aber gleichfalls gewiß, daß das Verfahren des Honorius zum wenigsten ein verderblicher Mißgriff war und der monotheletischen Häresie den größten Vorschub leistete. Durch seine Briefe ermuthigt und gestützt, erließen die griechischen Kaiser die Ekthesis und die mildere Form derselben, den Typus, und suchten mit Gewalt die Befolgung dieser Decrete durchzusetzen, welche die ganze Kirche verwirrten, den Orient von Rom trennten und völlig der Häresie preisgaben. Man darf auch nicht sagen, daß der Irrthum des Honorius ganz unverschuldet war. Wenn er mit mehr Ueberlegung und Prüfung zu Werke gegangen wäre, so hätte ihm das Treiben der monotheletischen Patriarchen nicht verborgen bleiben können. Hatte doch Sophronius gerade in dieser Absicht Gesandte nach Rom geschickt! Auch zu große Anhänglichkeit an den griechischen Hof, mit dem er befreundet war, scheint etwas zu diesem Irrthum beigetragen zu haben[1]. Wie die

---

[1] Daß Honorius mit den Griechen befreundet war, zeigt sein Benehmen in der Sache Adelwalds und die Gefälligkeit, womit der Kaiser ihm das viele Erz

Kirchengeschichte an unzähligen Beispielen zeigt, blendet nichts so sehr das Auge der Kirchenfürsten als übermäßige Furcht, mit dem Staate zu brechen. Ueber diese Schuld des Honorius ist man heutigen Tages so ziemlich einig. Wie hätten sonst auch drei allgemeine Synoden das Anathem über ihn sprechen können! Nur dürfte man sich mit Recht wundern, daß gerade die extremen Gallicaner, welche dieselbe Schuld in weit höherm Maße auf sich geladen, unter dem Vorwand des lieben Friedens jede energische Maßregel der Kirche gegen den Irrthum als Verketzerungssucht bezeichnet, und, dem Staate zu gefallen, die Kirche in schmähliche Fesseln zu schlagen gesucht, daß diese gerade das allerhärteste Urtheil über die Nachgiebigkeit des Honorius gefällt haben. So schuldig Honorius aber auch in dieser Beziehung sein mag, die allerwichtigste Frage bleibt hiermit noch unerledigt, ob nämlich seine beiden Briefe eine Häresie enthalten. Auf den ersten Blick scheint auch diese Frage durch das Anathem der allgemeinen Synoden erledigt zu sein; doch ist dem nicht so, denn über die Bedeutung jenes Anathems wird eben so gestritten, wie über die Orthodoxie des Honorius. Vor der Hand trägt mithin das Urtheil der allgemeinen Synoden wenig zur Entscheidung jener wichtigen Frage bei. Aber nicht nur die Kirche, auch die katholische Wissenschaft hat über diesen Papst zu Gericht gesessen und die eben erwähnte Sache wie keine andere untersucht und erörtert. Denn wie Döllinger sagt [1], hat besonders seit 1650 fast jeder namhafte Theologe sich damit befaßt, so daß binnen 130 Jahren über diese Eine kirchengeschichtliche Frage mehr geschrieben worden ist, als wohl über irgend eine andere in 1500 Jahren. Was war das Ergebniß jener langen Erörterung? Was hat die katholische Wissenschaft über Honorius geurtheilt? Untersuchen wir jetzt dieses, denn das Urtheil eines solchen ehrwürdigen Tribunals, an dem die edelsten, die größten Geister sich betheiligten, muß unbedenklich mehr wiegen, als das eines einzelnen, wenn auch noch so achtbaren Gelehrten. Wir wollen aber hierbei die Erörterung der Honorius-Frage in drei Perioden theilen.

Schon gleich nach dem Tode des Honorius wurde seine Orthodoxie Gegenstand eingehender Untersuchung. Die Monotheleten beriefen sich nämlich für ihr Treiben auf den Brief des Papstes an Sergius, beson-

---

aus dem Tempel der Roma für die Peterskirche gab. Daß Sergius diesen Drucker anwandte, geht aus seinem Briefe an Honorius hervor, da er überall den Kaiser vorschiebt. Wir haben darum gar nicht nöthig, an die Hypothese zu denken, welche von Gfrörer aufgestellt und von Hefele treffend widerlegt wurde, als ob Honorius für den Dienst, den ihm der Kaiser in der Sache des Fortunatus geleistet hatte, sich nachgiebig gegen den Monotheletismus gezeigt hätte.

[1] Papstfabeln S. 147.

ders auf die Stelle: „Wir bekennen Einen Willen des Erlösers." Darum reiste Abt Anastasius, den der hl. Maximus [1] außerordentlich rühmt, nach Rom, um dort die Beschuldigungen der Monotheleten auf das Genaueste zu untersuchen. Er fragte darum sorgfältig und vielfach die angesehensten und frömmsten Mitglieder des römischen Klerus. Was war das Resultat dieser Untersuchung? Abt Johannes, dessen sich Honorius bei Abfassung des fraglichen Briefes bediente und dessen hohe Tugend Maximus uns bezeugt, erklärte, mit den oben citirten Worten hätte der Papst nicht den natürlichen Willen der Menschheit in Christus läugnen, sondern von derselben nur das Verderbniß des Willens, wie es in uns stattfindet, das sündige Widerstreben, ausschließen wollen, da Christus nach der Lehre der Schrift und der Väter ein von der Sünde reines Fleisch angenommen hätte. Die übrigen Mitglieder des römischen Klerus wurden, als Anastasius sie vielfach über den fraglichen Punkt ausfragte, unwillig über jene Beschuldigung der Monotheleten und rechtfertigten den Honorius [2]. Solche Aussagen waren denn auch so gewichtig, daß sie nicht nur den hl. Maximus völlig überzeugten, sondern auch einen der hauptsächlichsten Verbreiter der Irrlehre, den Patriarchen Pyrrhus, in einer Disputation mit jenem hl. Martyrer überführten. Da wir gerade auf Maximus gekommen sind, so ist es billig, das Gewicht seines Urtheils zu prüfen. Döllinger [3] nennt ihn in seinem Lehrbuch den gelehrtesten und scharfsinnigsten Theologen seiner Zeit, und in seiner Rede über die Theologie: eine edle Frucht am Baume der griechischen Wissenschaft. Und in der That, er war der größte und gewandteste Kenner der Patristik und Gegner der Monotheleten und gab willig für das Zeugniß der Wahrheit sein Leben hin. Als Freund der Päpste und des hl. Sophronius war er mit den damaligen Verhältnissen genau bekannt: nun, ein solcher Mann vertheidigt den Honorius, so oft er von ihm spricht, rechnet ihn sogar, wie wir gesehen, zu den Gegnern der Irrlehre und lobt ihn mit den ehrenvollsten Ausdrücken. Doch wir besitzen noch andere, nicht minder gewichtige Zeugnisse über Honorius aus jener Zeit. Johannes IV., der kaum zwei Jahre nach Honorius den päpstlichen Stuhl bestieg und gewiß schon zu dessen Lebzeiten eine angesehene Stelle im Klerus bekleidet und dem Papste nahe gestanden hatte, betheuerte in der Apologie des Honorius, die er an den griechischen

---

[1] Epist. S. Maximi ad Marinum in den Collect. Anastasii. Ed. Migne t. 129. p. 571.
[2] Εὗρον (τοὺς ἐκεῖσε τῆς μεγάλης ἐκκλησίας ἱερωτάτους ἄνδρας) ἀσχαλῶντας ἐν τούτῳ καὶ ἀπολογουμένους. Collect. Anastas. l. c.
[3] Lehrbuch der Kirchengesch. S. 174. Verhandlungen der Münchener Versammlung S. 28.

Kaiser schrieb¹, er wolle mit der allergrößten Treue den Hergang der Sache erzählen, die noch im frischen Andenken sei. Und was bezeugt denn der Papst? Daß die monotheletische Auslegung der Worte des Honorius völlig fremd sei der Meinung dieses katholischen Vaters (penitus alienum a mente catholici Patris). Er setzt dann weitläufig auseinander, Honorius habe durch seine Worte nur den sündigen Willen der verderbten Natur, die Concupiscenz, welche auch der Apostel voluntas carnis nenne, von Christus ausschließen wollen; er beruft sich hiefür nicht nur auf die ganze Argumentation des Honorius, sondern auch auf den Brief des Sergius, in dem gleicherweise von zwei sich widersprechenden Willen die Rede gewesen sei. Ganz abgesehen von dem geschichtlichen und wissenschaftlichen Werthe dieses Zeugnisses muß dasselbe schon deßhalb ein entscheidendes Gewicht haben, weil es einem Papste, wie jedem Fürsten zukommt, eine authentische Erklärung der Decrete seines Vorgängers zu geben. Noch in anderer Beziehung ist dieses Actenstück für unsern Zweck erheblich; es belehrt uns nämlich, daß alle Abendländer, wie der Papst aus zahlreichen Aeußerungen erfahren hatte, in große Aufregung über die Briefe des Pyrrhus kamen, in denen dieser die neue Irrlehre verbreitete und zu ihrer Bestätigung die Worte des Honorius verdrehte². Auch im Oriente hatten die Gläubigen eine gute Meinung von der Orthodoxie des Honorius. Es zeigt uns dieses ein rührender Zug, den Bischof Stephan von Dor auf dem Concil im Lateran erzählte und den die Bollandisten, Fleury und Döllinger³ in die letzten Jahre des Honorius versetzen. Als

---

¹ In den Collect. Anastasii l. c. p. 562: „Subtilissima veritate, quae ante brevis intercapedinem temporis gesta sunt, enarrabo."

² Quantum ex diversis suggestionibus, quae ad nos catervatim venerunt, omnes occidentales partes scandalizatae turbantur, Pyrrho nova quaedam et praeter regulam fidei praedicante et ad proprium sensum S. M. Honorium Papam attrahere festinante, quod a mente Catholici Patris erat penitus alienum. L. c.

³ Acta SS. 11 Mart. II. S. 70. Fleury Hist. eccles. ad a. 636. Döllinger, Lehrbuch, S. 173. Petavius und Pagi scheinen anderer Meinung zu sein, da nach ihrem Urtheil Stephan von Dor vor dem zweiten Schreiben des Honorius nach Rom kommt; doch ist dieses unrichtig. Denn Honorius sagt in jenem zweiten Briefe an Sergius von den Gesandten des Sophronius, sie hätten auf das Heiligste versprochen (instantissime promiserunt), künftighin von beiden Energien in Christus zu schweigen. Wie stimmt dieses zu dem Auftrag, den Sophronius dem Stephan gegeben und den dieser auf das Sorgfältigste erfüllt haben will? „Enthülle, sagt Sophronius, nicht ein- oder zweimal, sondern vielmal, wie im Orient Alles aufgeregt ist, und ruhe nicht eher mit inständigem Bitten und Beschwören, bis durch die apostolische Klugheit das Recht zum Siege gelangt." Diese Worte zeigen zudem, daß Sophronius Kunde gehabt, wie sein Schreiben in Rom und Konstanti=

der hl. Sophronius sah, daß sein Widerstand gegen die monotheletische Irrlehre nicht nur nichts fruchtete, sondern die Gegner nur noch mehr erbitterte, führte er jenen Bischof auf den Calvarienberg und sprach zu ihm: „Du wirst demjenigen, der an diesem Orte gekreuzigt ist und einst zum schrecklichen Gerichte wiederkommen wird, Rechenschaft geben, wenn du die große Gefahr, worin der Glaube schwebt, hintansetzest. Da ich wegen des Einfalles der Sarazenen verhindert bin, so wandere du vom Aufgang bis zum Niedergang, bis du zum apostolischen Stuhle kommst, wo das Fundament der orthodoxen Lehren sich befindet, und höre nicht auf, den heiligen Männern, die dort sind, das Treiben der Häretiker zu enthüllen, bis die neue Irrlehre völlig vernichtet ist." Hierzu, fuhr Stephan fort, hätten ihn aber auch fast alle Bischöfe und das ganze christliche Volk des Orients ermuntert und in Folge dessen hätte er keine Ruhe sich gegönnt, bis er mit Verachtung unzähliger Gefahren den ihm gewordenen Auftrag erfüllt.' Aus dieser Erzählung geht hervor, daß Sophronius, obwohl Honorius ihm nach dem Rathe des Sergius Stillschweigen anempfohlen hatte, dennoch von der Orthodoxie dieses Papstes fest überzeugt war, ja in ihm die Stütze des wahren Glaubens erblickte, daß eine gleiche Gesinnung den ganzen Orient beseelte. Dieses Zeugniß des Sophronius ist um so wichtiger, da er es nach der Rückkehr seiner ersten Gesandten von Rom ausgesprochen hat und somit von der Ansicht des römischen Hofes in dieser Streitfrage völlig unterrichtet war. Doch auch die Monotheleten bestätigten durch ihr Verfahren diese Ansicht. Denn warum verdrehten sie zuerst nur insgeheim die Worte des Honorius, wie Maximus sie bezüchtigt?[1] Sie fürchteten, sagt Tournely[2], vom Papste widerlegt zu werden, wenn sie dergleichen offen verübten. Warum verfälschten sie jene Stelle, worauf sie sich am meisten beriefen, wie der Abt Johannes von ihnen sagt? Wenn Honorius, wie Döllinger behauptet, so bestimmt mit jenen Worten den Monotheletismus gelehrt hätte, so wäre dieß nicht nöthig gewesen.

So haben wir denn den großen Proceß über die Rechtgläubigkeit des Honorius in seinem ersten Stadium verfolgt, denn von nun an blieb diese Streitfrage etwas ruhen bis zum Concil von Konstantinopel. Fassen wir mit wenigen Worten den Ausgang desselben zusammen. Als die Monotheleten anfangs wegen ihres bösen Gewissens heimlich, dann aber nach dem Tode des Honorius auch offen sich auf diesen Papst be-

---

nopel aufgenommen war. Wenn Sophronius wußte, daß Sergius seine Gesandten schnöde zurückgewiesen, Honorius sie zwar freundlich empfangen, aber von der Heuchelei des Sergius überlistet, ihnen Stillschweigen geboten hatte, so waren jene Worte ganz angemessen. Der Bericht Stephans steht bei Harduin III. 711.

[1] Ep. ad Marinum in fine ... l. c. S. 574.
[2] Praelectiones de Eccles. qu. 3. art. 4.

riefen, gerieth die ganze Kirche, welche bisher eine günstige Meinung von demselben gehabt hatte, in Aufregung, und von allen Seiten geschahen in Rom Anfragen darüber. Doch erhoben sich nun für Honorius die competentesten Zeugen, deren Tugend und Kenntniß nicht in Zweifel gezogen werden konnte: der Notar selbst, welcher das incriminirte Schreiben des Papstes verfaßt, die angesehensten Mitglieder des Klerus, die durch nähern Umgang ohne Zweifel seine Gesinnung in dieser alle Gemüther bewegenden Frage kannten, der Nachfolger des Honorius, dem gewiß zustand, authentisch das Decret seines Vorgängers zu erklären. Zudem gab der hl. Sophronius auf dem Calvarienberge in einer feierlichen Schwurformel der Orthodoxie des Honorius das allergünstigste Zeugniß, ja die Häretiker selbst zeigten durch Verfälschung und Einschlagen von Schleichwegen die Schwäche ihrer Sache. Den allerberedtesten Anwalt aber fand der Papst im größten Gelehrten und Tugendhelden jener Zeit, dem hl. Martyrer Maximus, welcher den frechsten Ankläger, Pyrrhus, siegreich überführte. Wahrlich, die erste Untersuchung in diesem Processe fällt durchaus günstig für Honorius aus.

Mit dem Concil von Konstantinopel wurde die Sache wieder aufgenommen. Agatho sagte nämlich wiederholt in seinem Briefe an den Kaiser Konstantin [1]: die Päpste haben niemals gegen den Glauben geirrt, Gewähr hiefür sei die Verheißung, welche Jesus dem Petrus gegeben (Luc. 22). Döllinger verkennt nicht, daß Agatho solches in Beziehung auf Honorius gesagt habe, Hefele [2] aber behauptet, man dürfe die Worte semper, numquam, die Agatho gebraucht, nicht premiren. Gegen die letztere Meinung spricht jedoch die ausführliche Erörterung und die viermalige Wiederholung derselben Sentenz [3]. Sollte numquam nicht premirt

---

[1] Harduin III. S. 1074 u. ff.
[2] Wenn wir auch in der Honorius-Frage nicht mit der Conciliengeschichte Hefele's übereinstimmen, so wollen wir doch hierdurch nicht im Geringsten den hohen Werth dieses vortrefflichen Werkes verkleinern. Gerade die große Autorität, die es mit Recht besitzt, zwingt uns, in dieser Frage nicht ganz von demselben abzusehen.
[3] Harduin l. c. 1079: Cujus (Petri) annitenti praesidio haec apostolica ejus ecclesia *numquam* a via veritatis in qualibet erroris parte deflexa est. 1082: Per omnipotentis Dei gratiam a tramite apostolicae traditionis *numquam* errasse probabitur, nec haereticis novitatibus depravata succubuit, sed ut ab exordio fidei Christianae percepit ab auctoribus suis Apostolorum principibus, illibata fine tenus permanet, secundum ipsius Domini divinam pollicitationem (Luc. 22)... Dominus... qui fidem Petri non defecturam promisit, confirmare eum fratres suos admonuit; quod apostolicos pontifices confitenter fecisse *semper*, cunctis est cognitum... Unde praedecessores... ex quo novitatem haereticam in Christi immaculatam Ecclesiam Constantinopolitanae ecclesiae praesules introducere conabantur, *numquam* neglexerunt, eos hortari, ut a pravi dogmatis haeretico errore, saltem tacendo, desisterent.

werden dürfen, ja müssen, so verlöre diese Wiederholung ihre ganze Bedeutung. Wenn zudem Agatho sagt, seit dem Beginne der monotheletischen Streitigkeiten hätten die Päpste niemals unterlassen, die Patriarchen von Konstantinopel zu ermahnen, daß sie wenigstens durch Schweigen von der Häresie abstehen möchten, so bezeichnet er deutlich den Honorius; kein anderer Papst hatte sich damit begnügt, die Patriarchen zum Schweigen von ihrer Irrlehre aufzufordern. Auch ist nicht ohne Belang, daß Agatho nicht volle vier Decennien nach dem Ausbruch des monotheletischen Streites geschrieben hat. Verhältnißmäßig sprach er also nur von wenigen Päpsten, nur von einer kurzen Zeit. Wahrlich, da premirt man nicht zu viel das Wort numquam, wenn man es bei diesen wenigen Päpsten auf alle bezieht, wenn man bei dieser kurzen Zeit kein ganzes Pontificat ausnimmt. Dieses Schreiben Agatho's ist nun aber von der größten Bedeutung, da es feierlich von der sechsten Synode approbirt wurde, und selbst Bossuet gesteht, daß diese Approbation auch der in dem Briefe enthaltenen ausführlichen Auseinandersetzung von der Infallibilität des hl. Stuhles gelte. Nichtsdestoweniger hielt dieselbe Synode wegen der verderblichen Wirkungen, welche die Briefe des Honorius gehabt hatten, und die augenfällig auf der Synode selbst zum Vorschein kamen, für nöthig, das Anathem über Honorius zu sprechen, und der Papst, den die Synode um Gutheißung ihrer Acten ersucht, bestätigte dieses Anathem insoferne, als Honorius durch Mangel an Vorsicht der Häresie Vorschub geleistet hätte. Wir haben hier also ein doppeltes Urtheil der mit ihrem Haupte vereinigten Kirche: einestheils wird Honorius frei von der Häresie gesprochen, anderntheils wird er aber verurtheilt, daß er durch seine Handlungsweise das Wachsthum der Häresie befördert[1]. Die beiden folgenden Synoden bestätigten dieses Anathem und die Päpste nahmen so wenig Anstand daran, daß sie dasselbe sogar in den Liber diurnus aufnahmen. Hiernach blieb die Sache wiederum lange ruhen, und es dauerte mehrere Jahrhunderte, bis sie wieder aufgenommen wurde. Anastasius stellte einige Vermuthungen auf, um Honorius zu rechtfertigen; wichtiger war für diesen Zweck die Sammlung der betreffenden Actenstücke, die er uns hinterlassen hat. Auch Hinc-

---

[1] Honorius hatte allerdings den Monotheleten widerstanden, indem er ihnen, wie Agatho sagt, von ihrer Häresie zu schweigen gebot; aber er widersetzte sich ihnen weder gehörig, noch genugsam und ließ so das Eindringen der Häresie geschehen. Dieß ist keine spitzfindige Distinction, denn was ist gewöhnlicher, als daß man seine Berufspflicht ausübt und doch nicht vollständig ihr genügt? So läßt sich der Widerspruch, den Döllinger zwischen den Worten Agatho's und Leo's finden will, heben. Ueberhaupt sollte man nicht so leicht Widersprüche in den Worten der Concilien und Päpste finden wollen.

mar von Rheims erwähnt noch die Verurtheilung des Papstes. Dann gerieth die Sache in Vergessenheit oder wurde doch nicht beachtet. Denn daß sie mehrere Jahrhunderte hindurch völlig allen Theologen unbekannt geblieben sei, wie Döllinger in den „Papstfabeln" behauptet, kann nicht bewiesen werden, ist vielmehr unwahrscheinlich. Wie sollte man auch nicht in jener langen Zeit das sechste oder achte Concil gelesen haben, auf dem jenes Anathem über Honorius nicht nur erwähnt wurde, sondern Gegenstand der Verhandlungen war? Viel eher ist anzunehmen, daß man die Sache nicht beachtet hat, wie es z. B. mit Johannes Damascenus der Fall war, welcher in seinem Buche über die Häresien durchaus nicht des Honorius erwähnt [1]. „Aber die Annalisten erzählen nichts davon." Freilich; doch man darf nicht das Maß der kirchengeschichtlichen Kenntnisse jener Zeit nach den Annalisten bemessen. So finden wir bei den übrigen Schriftstellern, z. B. in den Werken des hl. Thomas, manche kirchengeschichtliche Notizen, besonders über die alten Ketzereien, die schwerlich in irgend einer Chronik gefunden werden. „Doch, erwiedert man vielleicht, woher wurden dieselben denn geschöpft?" Eben aus jenen Quellen, welche die Spätern zum Aufbau der Kirchengeschichte benutzt haben. Ein oberflächlicher Blick auf die Werke des hl. Thomas belehrt uns, daß er eine Kenntniß der patristischen Literatur besaß, die auch für unsere Zeit ganz außerordentlich wäre. Besonders kannte er auch die griechischen Väter, selbst die spätern, wie sein Werk contra errores Graecorum zeigt, das ganz aus Stellen griechischer Väter gleichsam zusammengewebt ist. Darum dürfen wir unbedenklich, bis das Gegentheil erwiesen, annehmen, der hl. Thomas habe die Acten der sechsten und achten Synode gelesen und somit von der Verdammung des Honorius Kenntniß gehabt. Doch lassen sich hierfür auch positive Argumente anführen, die Citate nämlich, welche der hl. Thomas wörtlich aus den Acten der sechsten Synode anführt. So sagt er in seiner Summa III. q. 18. a. 1. in corpore: Ut patet ex Epistola Synodica Agathonis papae a medio ... Et ideo in VI synodo determinatum est oportere dici, quod in Christo sunt duae voluntates: ubi sic legitur etc. L. c. q. 19. a. 1: Unde in sexta Synodo inducuntur verba Severi haeretici, sic dicentis etc. Et ideo in VI Synodo haec opinio est condemnata, in cujus determinatione dicitur etc. Wenn Döllinger ferner für seine Behauptung anführt, Leo IX., Anselm von Lucca, Rupert von Deutz hätten mit großer Zuversicht die

---

[1] Unter den Werken des Damascenus befindet sich freilich ein Schreiben an den Kaiser Theophilus über die heiligen Bilder, worin gesagt wird, daß der römische Bischof Honorius anathematisirt sei, doch wird dieser Brief von den Kritikern als unächt verworfen.

stete Orthodorie der Päpste den Verirrungen der andern Patriarchen gegenüber betont, ja sich hierfür auf die ersten acht ökumenischen Synoden berufen, so beweist auch dieses Argument nicht strenge. Aehnliches haben unzählige Theologen gethan, welche sehr wohl das Anathem über Honorius kannten. Es berufen sich ja die Vertheidiger der Unfehlbarkeit des Papstes ganz besonders auf die Acten der sechsten Synode, nämlich auf den durch diese Synode approbirten Brief des Papstes Agatho. Endlich hat noch in der jüngsten Zeit Pius IX. in seiner Encyclica an die Orientalen ganz dieselbe Sprache geführt. Denn nachdem der Oberhirte gesagt: quae Petro dignitatis potestatis ac jurisdictionis, amplitudo *fideique integritas ac stabilitas data, eadem prorsus ejusdem Petri successoribus Romanis Pontificibus* est tradita, quibus a Christo suprema totius Dominici gregis cura est demandata, setzt er hinzu, daß dieß die einstimmige Lehre der Synoden und hl. Väter[1] sei. Auch daraus, daß „den Anwälten des französischen Hofes" die Sache des Honorius unbekannt war und die Vertheidiger des verstorbenen Papstes Bonifacius geltend machten, er als ein Verstorbener sei jedem irdischen Gerichte entrückt, folgt noch nicht, daß jene Sache längst dem Gedächtnisse der Juristen wie der Theologen entschwunden war, denn die Anwälte eines Hofes sind nicht immer die besten Theologen, und die Vertheidiger des Bonifacius mochten eben nur anführen, was nach den damaligen Rechtsgrundsätzen billig wäre. Nur Eines scheint unerklärlich, wie eine so wichtige Sache, wenn sie auch nur Wenigen bekannt gewesen, dennoch gänzlich unbeachtet blieb. Zur Lösung dieser Schwierigkeit mag folgende Bemerkung dienen. Es geschah mit der Lehre von der Unfehlbarkeit des Papstes, wie mit andern Punkten in der Theologie, in der Politik, in der Poesie, Rhetorik und Grammatik. Zuerst wurde sie praktisch geübt, später erst kritisch und wissenschaftlich behandelt. Obwohl darum auch im Mittelalter nebenbei manche Aeußerungen über die Unfehlbarkeit des Papstes vorkommen, so wurde doch dieser Satz, wie viele andere, die den Primat betreffen, nicht weitläufig erörtert, und so blieb auch die Sache des Honorius, die besonders mit die-

---

[1] Daß der hl. Vater unter dieser einstimmig von den Synoden behaupteten Lehre nicht nur den Primat im Allgemeinen, sondern auch speciell die völlige Glaubensreinheit der Päpste (eadem prorsus fidei integritas, quae Petro est data) verstanden, beweisen die darauf folgenden Citate: „Haec Petri Cathedra dicta semper Ecclesiarum non modo caput, sed et magistra ac pietatis metropolis, in qua est integra christianae religionis stabilitas, cui totam doctrinam Apostoli cum sanguine profuderunt; Petrus, qui in propria sede et vivit et praesidet, praestat quaerentibus fidei veritatem; Petrus, qui ad hoc usque tempus et semper in suis successoribus vivit et judicium exercet, ipse per Leonem locutus est." Archiv für Kirchenrecht 1863, S. 200.

ser Frage in Verbindung steht, unbeachtet. Später aber, als nach den Synoden von Konstanz und Basel, nach dem Ausbruch der Reformation, seit den jansenistischen und gallicanischen Streitigkeiten gerade die päpstliche Machtfülle und Lehrgewalt der Gegenstand der lebhaftesten Erörterungen wurde, da geschah es, daß die Sache des Honorius eine der brennendsten Streitfragen wurde, welche besonders während des 17. und 18. Jahrhunderts alle Gemüther bewegte.

Wir sind hiermit zur dritten Phase des großen Processes gekommen, den die Geschichte und die Wissenschaft über Honorius geführt hat. Was war der Ausgang desselben? Vernehmen wir über das Ergebniß dieser wissenschaftlichen Erörterung competente Schriftsteller, da wegen der ungeheuren Menge derer, die über Honorius geurtheilt haben, es unmöglich ist, dieselben einzeln hier anzuführen. So möge denn Garnier, dessen großartige Arbeiten Döllinger rühmend anerkennt [1], als erster Referent auftreten und uns summarisch das Urtheil der katholischen Gelehrten berichten. „Mögen früher Viele, sagt Garnier [2], fälschlich den Honorius für einen Häretiker gehalten haben [3], so verurtheilen doch jetzt, nachdem die Sache fleißiger und sorgfältiger untersucht ist, nur Wenige, die noch dazu ihrer Gesinnung nach verdächtig sind oder doch keine große Autorität besitzen, den Honorius." Als zweiter Referent berichte uns Papebroch, wie Potthast sagt, der vorzüglichste der Bollandisten, die nach dem Urtheil desselben Historikers ein riesenmäßiges Denkmal wissenschaftlichen Strebens hinterlassen haben. „Omnes, schreibt jener Hagiograph [4] von den Theologen und Historikern seiner Zeit, qui quidem orthodoxi sunt, negant, Honorii epistolam ulla haereseos labe maculatam fuisse. Alle, zum wenigsten die Rechtgläubigen, läugnen, daß irgend welche Häresie in dem Briefe des Honorius enthalten ist." Wir könnten nun ähnliche Referate von italienischen Gelehrten als Orsi, Muzzarelli, Litta hier anführen. Doch da das Zeugniß von Doctoren der Sorbonne und Anhängern der gallicanischen Artikel in diesem Stücke unverdächtiger erscheint, wollen wir lieber solche über das Resultat der großen wissenschaftlichen Erörterung der Honorius-Frage sprechen lassen. Hören wir denn-

---

[1] Verhandlungen der Versammlung in München S. 37. Auch Bossuet nennt ihn vir doctissimus et optimus.
[2] Dissertatio II ad Librum diurnum ed. Migne tom. 105. p. 153.
[3] Garnier meint hier wohl, Melchior Canus und Caranza, der übrigens nur in einer Randglosse seiner Summa den Honorius unter denen aufzählt, die vom sechsten Concil wegen Häresie verurtheilt sind. Auch Canus führt für seine Meinung nur das Anathem der Synoden und das Zeugniß einiger Historiker an, ohne auf den Inhalt des Briefes und die Bedeutung dieses Anathems näher einzugehen.
[4] In seinen Propylaeen l. c. tom. II. p. 97.

nach Tournely, der nach der Behauptung Döllingers die Ehre der französischen Theologie im 18. Jahrhundert aufrecht erhielt: „Fast alle Theologen, sagt Tournely, rechtfertigen Honorius vom Irrthum der Monotheleten" (Omnes fere Theologi vindicant Honorium ab errore) [1]. So wenig als Tournely kann der Freund Bossuets und Doctor der Sorbonne, Bischof Languet, als parteiisch recusirt werden. Nun, auch er bezeugt die fast allgemeine Uebereinstimmung der ältern und neuern Theologen in der Vertheidigung des Honorius (le consentement presque universel des Théologiens anciens et modernes, qui excusent d'hérésie le Pape Honorius) [2]. Er setzt hinzu, daß selbst Jansenisten derselben Meinung seien. Zum Schlusse soll ein deutscher Theologe das Ergebniß der großen wissenschaftlichen Erörterung, welche zwei Jahrhunderte hindurch über Honorius geführt wurden, summarisch zusammenfassen. „Daß Honorius, sagt Liebermann, wirklich den Irrthum der Monotheleten getheilt habe, behaupten unter den neuern Häretikern sehr viele, Katholiken aber sehr wenige [3]." Was erhellt nun aus allen diesen Referaten? Die katholische Wissenschaft in dem größten und vorzüglichsten Theile ihrer Vertreter hat den Honorius von allem Irrthum gegen den Glauben freigesprochen, obwohl sie zugab, daß dieser Papst der Häresie mächtigen Vorschub leistete. Und wir können zuversichtlich hinzusetzen, die sehr geringe Anzahl katholischer Gelehrten, welche in den vergangenen zwei Jahrhunderten anderer Ansicht gewesen sind, würde noch kleiner sein, wenn nicht die gallicanischen Artikel dazwischen gekommen wären. Denn diese mußten nun einmal, besonders wenn der allerchristlichste König gegen den hl. Stuhl übel gelaunt war, um jeden Preis aufrecht erhalten werden [4]. Dafür bot sich nun aber als vorzüglichstes Bollwerk die Sache des Honorius dar, in der man sich hinter der Entscheidung dreier ökumenischer Synoden verschanzen zu können glaubte. Und dennoch haben nicht alle Gallicaner [5] den Honorius der Häresie geziehen, ja

---

[1] Cursus Theol. De eccles. ed. Col. p. 94.
[2] Avert. 2. n. 44 bei Muzzarelli l'infallibilité du pape § 17.
[3] Liebermann Institutiones III. p. 455.
[4] Der Panegyriker Bossuets, Cardinal Bausset, erzählt von ihm, er habe je nach Veränderung der politischen Umstände sich bald an die Vertheidigung der gallicanischen Artikel gesetzt, bald davon abgelassen, wie es der König beordert. Den schrecklichen Druck, der damals auf der französischen Wissenschaft lastete, bezeugen uns auch die Worte Tournely's: „Es ist schwer, eine so große Menge von Zeugnissen, die Bellarmin gesammelt hat, mit den gallicanischen Artikeln zu vereinen, doch ist es nicht gestattet, diese Artikel aufzugeben." Wurden dieselben doch auch der Sorbonne gegen ihren Willen aufoctroyrt.
[5] Wie Petitdier uns erzählt, wurde auf der Versammlung des gallicanischen Klerus vom J. 1723 die Orthodoxie des Honorius in öffentlichen Thesen ver-

die tüchtigsten haben ihn gerechtfertigt, wie Tournely, Natalis Alexander, Languet und früher bereits de Marca.

Von dem eben gewonnenen Resultate werden wir durch die Citate Hefele's und Döllingers nicht abgezogen. Der erste Geschichtsforscher führt als solche, die Honorius den Monotheleten unbedenklich beirechnen, namentlich Richer, Dupin, Bossuet in seiner defensio declarationis, und de la Luzerne an [1]. Prüfen wir nun diese Autoritäten. Richer, der Freund des berüchtigten Sarpi, und Dupin wurden beide wegen ihrer unkirchlichen Gesinnung durch die französische Regierung verbannt; beide leisteten Widerruf. Dupin insbesondere wurde von Bossuet unkirchlicher Lehre bezüchtigt und von Papst Clemens XI. als ein Mensch von sehr schlechten Grundsätzen bezeichnet [2], Richers Werk aber nicht nur von Rom, sondern auch von zwei französischen Provincialconcilien verworfen; ja, die Entwickelung seiner Principien auf dem Concil von Pistoja wurde von der Kirche als häretisch bezeichnet [3]. Aber, wird man entgegnen, Bossuet stimmt doch in seiner defensio declarationis cleri Gallicani ganz dem Urtheile dieser beiden Männer bei. Gewiß, und dennoch wird das Gewicht dieses Zeugnisses uns sehr gering erscheinen, wenn wir den innern Werth und die äußere Autorität dieses Buches unbefangen prüfen. Es ist solches der Mühe werth, weil dasselbe das Hauptwerk des Gallicanismus ist. Bossuet wurde wider seinen Willen in den bekannten Regalienstreit verwickelt, den der Papst, wie Döllinger mit Recht bemerkt, für die wirkliche Freiheit der französischen Kirche gegen eine schreiende Iniquität des französischen Königs führte [4]; ja er war sogar eines der hauptsächlichsten Werkzeuge Ludwigs XIV., als dieser Fürst seinen Unwillen [5] über die Festigkeit des Papstes durch die bekannte Versammlung des gallicanischen Klerus von 1682 und die auf derselben gefaßten Artikel befriedigen wollte. Noch mehr, auf Befehl desselben Königs schrieb er jenes oben erwähnte Werk, um diese Artikel, welche überall, besonders in Rom, entschieden mißbilligt wurden, und die in denselben enthaltene Lehre zu vertheidigen. Man mag Bossuet damit entschuldigen, daß er es ungerne gethan, und nur, um Aergeres zu verhüten, sich hatte bewegen lassen, diese Artikel zu redigiren und zu

---

theidigt. Petitdier de infallibilitate Summi Pontif. im Thesaurus von Zaccharia VII. p. 1266.

[1] Hefele ist übrigens nicht Einer Meinung mit diesen Gallicanern.

[2] D'Argentré Collectio judiciorum III. 2. p. 420. „Dupinum nequioris doctrinae hominem."

[3] Bulla Auct. fidei n. 2. 3.

[4] Im Kirchenlexikon von Wetzer u. Welte, Art. Regalien.

[5] Hortig's Kirchengeschichte, fortgesetzt von Döllinger II. 2, S. 865.

vertheidigen, welche er ja selbst als gehässig bezeichnet[1]; daß er, unzufrieden mit seinem Werke, es immerfort überarbeitet und bis zu seinem Tode nicht gewagt hatte, dasselbe herauszugeben. Alles dieses ist wahr, aber es beweist zugleich, daß Bossuet selbst die Ungerechtigkeit der Sache erkannt und aus Nachgiebigkeit gegen den absolutistischen Willen des Königs so gehandelt hat. Die defensio declarationis cleri Gallicani kann demnach nicht als das Werk freien, wissenschaftlichen Strebens betrachtet werden; ebensowenig ist sie das Werk ruhiger Erörterung, da Bossuet durch den Widerspruch, den die Artikel überall fanden, heftig gereizt war. Doch wir sind mit der Geschichte dieses Buches noch nicht zu Ende. Bossuet hinterließ das Manuscript desselben seinem Neffen, befahl aber ausdrücklich, es nur in die Hand des Königs zu geben. Diesen beschwor er, nur aus Gründen des öffentlichen Wohles, welche die Herausgabe des Buches absolut nothwendig machten, dessen Druck zu gestatten. Da aber dergleichen Gründe nicht vorlägen, so erwarte er zweifellos, der König werde, wie bisher, die Herausgabe nicht erlauben; denn er fürchte, der Ruf, den er sich erworben, möchte dadurch erbleichen[2]. Dennoch erschien vierzig Jahre später dieses Buch, ohne die vielen Verbesserungen von der Hand des Verfassers, die verloren gegangen oder gar unterdrückt waren, ohne die Bewilligung des Königs, ohne daß Staatsgründe seinen Druck erheischten; es wurde also gegen den Willen des Verfassers gedruckt. Viele Zweifel wurden auch und gewiß nicht ohne allen Grund, über seine Unverfälschtheit erhoben. Was für ein Urtheil müssen wir nach alle dem über dasselbe fällen? Ist ein Werk, das nach dem Tode des Verfassers gegen seinen ausdrücklichen Willen, ohne die Verbesserungen, die er beigefügt hat, erscheint, mit vollgültiger Autorität ausgestattet? Und welchen innern Werth hat eben dasselbe? Es ist nicht das Ergebniß ruhiger Erörterung, nicht das Werk der freien Wissenschaft; es ist von einem großen Genie, aber im Dienste des Absolutismus zur Rechtfertigung einer verkehrten Sache geschrieben. Was macht aber selbst das allergrößte Genie, wenn es in falsche Bahnen geräth? Grandes passus extra viam. (S. August.) Und doch ist diese defensio die Hauptautorität, welche man den Heroen der katholischen Wissenschaft, die Honorius vertheidigt haben, gegenübersetzt. Man scheint dabei zu vergessen, daß der ruhige Blick jenes großen Geistes vor dem Ausbruch des Streites über die gallicanischen Artikel in der Sache des Honorius ganz anders geurtheilt hat. „Die Monotheleten, schreibt Bossuet in seinem klassischen Werke: Discours

---

[1] Opuscule de Fleury p. 141 bei de Maistre Eglise gallicane c. 8.
[2] Alles dieses theilt uns Bausset in seinen Pièces justific. zum sechsten Buche der Lebensgeschichte Bossuets mit. Oeuvres de Bossuet ed. Migne I. 762.

sur l'histoire universelle, verbargen ihr Gift unter zweideutigen Ausdrücken: eine falsche Liebe des Friedens ließ sie den Vorschlag machen, weder von einem noch von zwei Willen zu sprechen. Sie täuschten durch diese Kunstgriffe den Papst Honorius, der sich aus gefährlicher Schonung zum Stillschweigen verstand, in dem Lüge und Wahrheit auf gleiche Weise unterdrückt wurden." Etwas darauf wird dann gesagt, das Concil von Konstantinopel hätte Honorius nicht geschont, „weil er die Häretiker geschont hätte." Man sieht, Bossuet folgt ganz der gewöhnlichen Darstellung, welche einige Zeit vorher der von ihm so sehr gerühmte Garnier glänzend vertheidigt hatte; er bezeichnet nämlich als den Fehler, den Honorius begangen und um dessentwillen er von der Synode verurtheilt wurde: dans un dangereux ménagement il consentit au silence. Es ist die fast wörtliche Uebersetzung dessen, was Garnier gesagt hatte: Constat Honorium peccasse (inconsulta) oeconomia, qua voluit de una vel gemina operatione taceri. Beide behaupten ferner, Honorius sei durch die zweideutigen Worte, mit denen die Monotheleten ihre Häresie verbargen, getäuscht worden [1]. Doch es wird nun Zeit, zum Cardinal de la Luzerne überzugehen. Er war in der Periode, von der wir hier sprechen, in der Zeit vor der französischen Revolution, wo die Honorius-Frage so vielfach erörtert wurde, nicht nur günstig für Honorius gestimmt, sondern vertheidigte sogar in Schriften diesen Papst. Später änderte er seine Meinung in der Apologie der gallicanischen Artikel [2]. Mit Recht wundern wir uns darüber, daß dieser so kluge, einsichtsvolle Bischof ein System, das, wie die Herausgeber seiner Werke sagen, längst begraben war, wiederum erwecken wollte; daß er wähnte, das Heil der französischen Kirche hänge von ihrer Verkettung mit dem bourbonischen Throne ab. Die schrecklichen Stürme der Revolution waren also ohne Belehrung für den Bischof vorübergegangen. Statt die französische Kirche tiefer in den Felsen Petri zu gründen, wollte er ihr mehr Festigkeit durch eine morsche Stütze geben, die so bald zerbrechen sollte. Darüber müssen wir uns freilich wundern, nicht aber, daß de la Luzerne, nachdem er sich einmal hiezu entschlossen, aus der Rüstkammer des Gallicanismus (Bossuets Défense) und seiner eigenen Phantasie Waffen gegen Honorius hervorsuchte. Dieß Urtheil wird nicht zu hart erscheinen, wenn man bedenkt, daß der Cardinal de la Luzerne zweimal

---

[1] Der Cardinal de la Luzerne gibt als den eigentlichen Streitpunkt sehr gut an: Ist Honorius in Häresie gefallen, oder ist er, von den Häretikern getäuscht, zu schonend gegen dieselben gewesen? Nun, nach diesen Worten möge man entscheiden, für welche Partei Bossuet in seinem chef-d'oeuvre sich ausgesprochen hat.

[2] Oeuvres du Card. de la Luzerne II. p. 192.

sagt, der Papst behaupte in seinem zweiten Briefe: qu'on doit professer une seule opération d'un seul opérateur Jésus-Christ, und zwar textuellement[1]. Hätte Honorius textuellement solches behauptet, so wäre die Sache abgemacht; aber diese Worte finden sich nirgends in jenem Briefe, noch auch meines Wissens bei irgend einem hervorragenden Schriftsteller. Woher hat sie also der Bischof genommen?

Doch Döllinger scheint außer den genannten Männern noch andere zu citiren. Sehen wir einmal. Zuerst kommt hier der Cardinal Sfondrati in Betracht. Bekanntlich hatten Bellarmin und Baronius mit vielen Andern behauptet, die Acten der sechsten Synode seien verfälscht worden. Dazu bemerkt Döllinger[2] in einer Note: „Gegen solche Bemühungen Bellarmins, Baronius' und Anderer nach ihnen, historische, reichlich bezeugte Thatsachen durch Verdächtigung der Zeugen und der Urkunden zu beseitigen, weil sie zu dem System einer Schule oder Partei nicht passen wollen, hat sich in dieser Frage des Honorius der Cardinal Sfondrati kräftig ausgesprochen. Quid hoc est aliud quam contra torrentem navigare, omnemque historiam ecclesiasticam in dubium vocare? Sublata vero historia et consequenter traditione usuque ecclesiae, quae tu arma contra haereticos satis valida habebis? Male ergo, ut nobis quidem videtur, Ecclesiae illi consulunt, qui ut Honorii causam tueantur, historiam ecclesiasticam exarmant. — Ergo si testibus agenda res est, Honorius Papa haereticus fuit." Gewiß kräftige Worte! aber sie verlieren ihre Kraft, wenigstens in wiefern sie gegen Honorius, Bellarmin und Baronius zu sprechen scheinen, durch das, was unmittelbar folgt: „Si vero causam ipsam rationesque attendas, ob quas haeresis postulatur Honorius, fatendum est, innocentem esse et noxa liberum"[3]. Sfondrati beweist dann dieß weitläufig und behauptet: „Honorius haeresim Monotheletarum non adstruit sed *plane destruit. — Clarissime* dicit, non esse dicendam unam voluntatem vel operationem, sed unum operantem. *Apertissime* singulis naturis propriam operationem tribuit." Freilich war er zur Zeit, da er zuerst diese Worte schrieb, in Betreff der Honorius-Frage noch unentschieden; von der einen Seite drückte ihn das Gewicht der Zeugen, die Honorius der Häresie zu beschuldigen schienen, von der andern Seite schien ihm das Gegentheil aus den Briefen des Papstes evident zu erhellen. Bei dieser Sachlage blieb dem Cardinal nur noch die

---

[1] L. c. p. 193. 194.
[2] Papstfabeln. Zweite Ausgabe. S. 146.
[3] Regale sacerdotium p. 687 sq. IV. Edit. Die von Döllinger benutzte Ausgabe stand uns nicht zu Gebot, doch scheint sie mit der vierten in der Honorius-Frage übereinzustimmen.

Hypotheſe Bellarmins und Baronius' als Ausweg übrig. Denn wenn einestheils die Glaubwürdigkeit der Männer, auf deren Zeugniß man ſich gegen einen Angeklagten beruft, über allen Zweifel erhaben iſt, anderntheils aber die Unſchuld des Angeklagten aus den incriminirten Punkten ſelbſt mit Evidenz hervorgeht, ſo muß man conſequent läugnen, daß jene Männer dergleichen Zeugniſſe und Beſchuldigungen erhoben, man muß die von ihnen beigebrachten Urkunden als verfälſcht verwerfen. Dieß thut denn auch Sfondrati in der Gallia vindicata, welche er bald darauf (1688) herausgab. Dort[1] berichtet er ſeine frühere Unentſchiedenheit und gibt kurz die Gründe dafür an: „Innocens Honorius, si veritatem spectas, reus, si testes." Dann aber bringt er die oben angegebene Löſung: „Veritas ergo testibus cedet, an testis veritati? — Ergo persuasum omnino habeo, errorem aliquem Graecorum fraude in sextam Synodum irrepsisse. — Certum igitur est primo acta sextae Synodi a Graecis corrupta esse." Der Cardinal führt dann ausführlich die Gründe für dieſe Meinung an. Mit Unrecht wird darum die Autorität Sfondrati's gegen die Orthodoxie des Honorius angerufen, mit Unrecht wird er gleicherweiſe gegen die Hypotheſe Bellarmins und Baronius', daß die Acten des ſechsten Concils verfälſcht ſeien, citirt. Er hielt ja nicht minder die Unſchuld des Honorius als jene Hypotheſe für gewiß und ausgemacht. Wir kommen jetzt zu einem andern Vertheidiger der päpſtlichen Unfehlbarkeit. Nachdem Döllinger angegeben, daß die Janſeniſten behaupteten, dem Honorius ſei von der ſechsten Synode, die ſich täuſchte, Unrecht geſchehen, daß aber ihre Gegner durch die Diſtinction zwiſchen poſitiver und negativer Häreſie den klaren Worten der Synode Gewalt anthäten, bemerkt er (Papſtfabeln S. 148) von Fenelon: „Aber Fenelon hat bereits erinnert, mit allen dieſen Kunſtgriffen, durch welche die Orthodoxie des Honorius gerettet werden ſolle, erreiche man doch nichts." Döllinger ſcheint alſo die Kritik Fenelons ſowohl auf die Behauptung der Janſeniſten, als die ihrer Gegner zu beziehen. Aber mit Unrecht; denn Fenelon bezeichnet an der citirten Stelle nirgends die Diſtinction zwiſchen poſitiver und negativer Häreſie als einen Kunſtgriff oder eitle Deutung. Wohl finden wir kurz vorher, S. 481 der citirten Schrift, Aehnliches ausgeſprochen: En vain pour parer à cet inconvénient on se retrancherait à dire que ce pape n'a été anathématisé par le concile que comme fauteur d'hérésie, et non pas comme hérétique etc. Aber dieß ſind nicht die Worte Fenelons, ſondern der Janſeniſten, die er widerlegen will. Wie hätte auch Fenelon dieſe Diſtinction einen Kunſtgriff nennen ſollen, da er ausdrücklich, wenigſtens anderswo, denen beipflichtet, welche die-

---

[1] Gallia vindicata. Edit. altera 1702. p. 553.

selbe machten? Doch schon die Worte Fenelons, die Döllinger citirt, aber nicht ganz genau übersetzt, deuten solches an. Fenelon schreibt nämlich: Supposé que le sixième concile, suivi en ce point par plusieurs papes, *eût cru*, que le texte d'Honorius était hérétique etc.[1] Durch diese Construction gibt Fenelon zu verstehen, daß die dort gemachte Supposition nicht wirklich geschehen, sondern nur fingirt sei, daß mithin die Kirche Honorius nicht als Häretiker verurtheilt habe. Das Gegentheil schreibt Döllinger dem Fenelon zu, indem er ihn die Distinction zwischen Häresie und Begünstigung der Häresie als einen Kunstgriff verwerfen läßt, jenem hypothetischen Satze aber bei der Uebersetzung ein anderes Tempus gibt: „wenn diese Frage (hat die Kirche die Schreiben eines Papstes für häretisch erklärt?) zu bejahen sei", statt: „zu bejahen wäre." Noch in anderer Beziehung weicht Fenelon von Döllinger ab. Dieser sagt von Torquemada, Baronius, Bellarmin und Andern, sie hätten einfach das Ansehen eines ökumenischen Concils dem Interesse ihrer Theorie aufgeopfert und, wie später die Jansenisten, behauptet, das Concil habe sich in der Beurtheilung der Decretalen des Honorius getäuscht. Wahrlich, ein harter Vorwurf gegen so fromme, gelehrte Männer! Fenelon zeigt dagegen weitläufig durch eine eingehende Erörterung und Vergleichung der Worte dieser Theologen, daß die, wenn auch ungenauen Ausdrücke doch im Grunde einen kirchlichen Sinn haben. Es würde uns zu weit abführen, dieses näher zu zeigen[2]; doch mag uns das Beispiel des Fenelon darthun, mit welcher Sorgfalt katholische Theologen das schon von den Vätern ausgesprochene Princip, die Worte eines Katholiken nur nothgedrungen im unkirchlichen Sinne auszulegen, vor Allem in Bezug auf die verstorbenen Heroen der katholischen Wissenschaft befolgen sollen.

Wir kommen jetzt zu einem andern französischen Bischofe, den Döllinger für seine Ansicht citirt. Nachdem er erzählt[3], daß nach Ughi die Synode ganz offenbar den Honorius wegen Ketzerei verdammt habe, doch dabei unbesonnen verfahren sei, Cavalcanti aber sich ein anderes Pförtchen erdacht habe, um den unwillkommenen Consequenzen zu entschlüpfen, nämlich nicht die Lateiner, sondern nur die Griechen hätten das ungerechte Urtheil über Honorius gefällt, fährt er fort: „Dagegen behauptete zu derselben Zeit der Bischof d'Argentré: als Häretiker habe das Concil den Papst verurtheilt, und das mit Recht." Man sollte nun

---

[1] Troisième instr. pastor. sur le Cas de Conscience. Oeuvres éd. de Versailles, XI. 483.
[2] Fenelon gibt selber, S. 489, ein Resumé dieser Erörterung, worauf wir der Kürze halber verweisen müssen.
[3] Papstfabeln S. 149.

aus der Partikel „dagegen" schließen, der Bischof habe vor jenem Hinterpförtchen Abscheu gehabt, und dennoch scheint dieß an der angeführten Stelle durchaus nicht der Fall zu sein, da er gerade dort eine ähnliche Distinction zwischen Griechen und Lateinern macht. Er sagt nämlich: „Es ist eine Streitfrage, ob Honorius wirklich der Gesinnung nach den Irrthum der Monotheleten gehabt habe; denn die Griechen haben ihn sicher verdammt, weil er den verkehrten Ansichten des Sergius gefolgt sei, aber Leo II. hat das Decret des Concils gegen Honorius mit der Einschränkung bestätigt, daß Honorius die Befleckung des Glaubens nur habe geschehen lassen. Daher haben die Lateiner den Honorius nur als Begünstiger der Häresie verdammen wollen." Die Stelle ist klar. Ein flüchtiger Blick zeigt, daß auch d'Argentré hier zwischen Griechen und Lateinern unterscheidet. Zudem behauptet dieser gelehrte Bischof[1], den Griechen wäre der Sinn und die Meinung des Honorius weniger bekannt gewesen, als den Lateinern. Er sagt also dasselbe, wie Cavalcanti; mit welchem Recht darf man demgemäß einen Gegensatz zwischen beiden Theologen statuiren? Der obige Satz aber, den Döllinger aus Argentré citirt (daß Honorius vom Concil als Häretiker verurtheilt sei), findet sich weder wörtlich, noch auch unseres Ermessens dem Sinne nach an der angegebenen Stelle. Vielmehr kann das Gegentheil behauptet werden. Denn d'Argentré weist dort auf seine Abhandlung über Honorius in dem von ihm herausgegebenen Werke Grandin's hin. In derselben wird aber ausdrücklich behauptet und ex professo bewiesen: Es kann nicht gesagt werden, daß Honorius von der Kirche als Häretiker verdammt sei. I. 2. Thl. S. 216: Honorius ab universa Ecclesia tamquam haereticus damnatus dici non potest. Es bleibt uns nur noch die Erörterung übrig, was für eine Meinung Orsi über Honorius gehabt habe. Denn auch von diesem eifrigen Verfechter der Unfehlbarkeit der Päpste behauptet Döllinger, er habe die Unhaltbarkeit der Bemühungen, die Orthodoxie des Honorius zu retten, und die von kurzsichtigen Theologen dabei gegebene Blöße wohl erkannt. Gegen dieses Urtheil Döllingers lassen sich unverdächtige Zeugen anführen. De la Luzerne[2], welcher, wie in seinem ganzen Buche, so auch besonders in der Sache des Honorius den Orsi widerlegen will, führt als Behauptung dieses Cardinals an: die Meinung, welche den Honorius der Häresie beschuldigt, würde nur noch von Protestanten vertheidigt. Hefele aber zählt den Orsi einfach unter denen auf[3], welche, wie Gar-

---

[1] In der Abhandlung über Honorius, die er den von ihm herausgegebenen Werken Grandin's beigegeben hat.
[2] Oeuvres de la Luzerne II. p. 191.
[3] Conciliengeschichte III. S. 152. Wir mußten uns hier auf die Citate Anderer berufen, da uns leider das Werk Orsi's selber nicht zu Gebot stand.

nier, die Orthodoxie des Honorius vertheidigten. Daß Orsi besonders hervorhebt, Honorius habe in der monotheletischen Angelegenheit nicht ex cathedra gesprochen, darf uns nicht befremden. Behaupten doch dasselbe, wie Fenelon sagt, alle ultramontanen Vertheidiger des heil. Stuhles. Bestehen zwei Gründe für eine Sache, so kann man den einen weitläufiger als den andern behandeln, ohne darum diesen zweiten für unhaltbar zu erklären.

Außer den genannten Schriftstellern lassen sich nun freilich noch andere anführen, welche den Honorius der Häresie beschuldigen; doch ist, wie uns scheint, durch die oben citirten Zeugnisse genugsam dargethan, daß in den zwei Jahrhunderten, wo die Frage des Honorius so lebhaft discutirt wurde, die katholischen Gelehrten insgemein mit geringer Ausnahme die Orthodoxie des Honorius vertheidigten, und durch die Erörterung der von Hefele und Döllinger angeführten Autoritäten sind wir durchaus nicht gezwungen, dieses Resultat aufzugeben. Bevor wir aber aus demselben unsere Schlüsse ziehen, müssen wir vorab noch feststellen, daß die katholischen Gelehrten bei jenem Urtheil durch kein System befangen waren, wie Döllinger solches anzunehmen scheint. Denn dieses System wäre gewiß die Lehre von der Unfehlbarkeit des Papstes, wie denn auch Bossuet, der in seiner defensio Aehnliches behauptet, ausdrücklich sagt. Worin bestand denn nun dieses System, das Bellarmin zuerst entwickelt haben soll? Bellarmin behauptet als die sententia communissima Theologorum: der Papst sei unfehlbar in seinen Entscheidungen ex cathedra, als doctor privatus könne er irren, selbst in Sachen des Glaubens [1]. Es nimmt darum Bellarmin auch gar keinen Anstand, den Papst Johannes XXII. eines solchen Irrthums zu zeihen [2]. Der große Gelehrte hätte mithin, ohne im Geringsten sein „System" zu beeinträchtigen, Aehnliches auch von Honorius behaupten können. Er war ja der Ansicht [3], daß Honorius nur als doctor privatus, nicht aber ex cathedra gesprochen habe. In der That mußte er dieses behaupten, wenn er anders „seinem Systeme" treu bleiben wollte. Denn was verstand Bellarmin unter einer Entscheidung ex cathedra? Etwa jedes Decret, das der Papst als Papst erläßt? Durchaus nicht. Der Papst wird tausendmal als Papst gefragt und antwortet ebenso oft als Papst, ohne auch nur eine einzige definitio ex cathedra zu geben. Eine solche Erklärung ist zu unbestimmt, als daß man sie einem Manne, wie Bellarmin, zumuthen könnte; er spricht vielmehr die Meinung, daß der

---

[1] De Romano Pontifice l. 4. c. 2. „Conveniunt omnes catholici, posse Pontificem ut doctorem privatum errare, etiam in quaestionibus fidei."
[2] De Romano Pontifice l. 4. c. 14.
[3] De Rom. Pontifice l. 4. c. 11. „Accusatur Honorius, quod privatis litteris haeresim foverit."

Papst auch als Papst in gewissen Punkten irren könne, als die allgemeine Ansicht aller Katholiken aus [1]. Wann ist denn nach der Meinung Bellarmin's der Papst unfehlbar? Der Papst kann nicht, erwiedert der große Gelehrte, etwas Häretisches definiren in dem, was er der ganzen Kirche zu glauben befiehlt (non posse Pontificem ullo modo haereticum definire a tota ecclesia credendum). Bellarmin hält sich strenge an diese Erklärung, darum unterscheidet er selbst in den Bullen die Definition von dem, was der Papst nebenbei, ohne etwas zu definiren, vorbringt [2]. Wenden wir das Gesagte auf Honorius an. Hat dieser Papst zur Entscheidung der monotheletischen Streitigkeiten etwas in Betreff dieses Punktes der ganzen Kirche zu glauben vorgelegt? Nein, durchaus nicht. Seine Absicht war offenbar, den Streit nicht durch eine Definition zu schlichten, sondern durch das Gebot des Stillschweigens zu unterdrücken. Dieß blickt aus beiden Schreiben heraus, darum vermeidet er ängstlich, dem Cyrus, der Eine Energie behauptete, oder auch dem Sophronius, der zwei Energien annahm, Recht zu geben. Das geht auch aus der Anfrage des Sergius hervor. Dieser hat den Papst nicht gefragt, ob man Einen Willen in Christus setzen müsse. Denn wie selbst Dorner gesteht [3], wurde in dem ersten Stadium nicht über Einen oder zwei Willen gestritten. Sergius consultirte vielmehr den Honorius nur über das Stillschweigen von Einer oder zwei Energien, und demgemäß antwortete auch Honorius, ohne etwas über Eine oder zwei Energien zu definiren [4]. Er spricht dieß sogar wiederholt und ausdrücklich aus: „Non oportet haec ad dogmata retorquere." Der Papst hat mithin über die monotheletische Streitfrage keine definitio ex cathedra erlassen. Dieß müssen wir sagen, auch wenn wir ganz absehen von der Ansicht bewährter Theologen, die Briefe des Honorius seien nur Privatschreiben, wenigstens keine Decrete

---

[1] De Romano Pontifice l. c. Nach Bower und Walch scheint freilich nichts mehr zu einer definitio ex cathedra zu gehören, als „daß der Papst als Papst gefragt wird und als Papst antwortet." Wenn man so verfährt, mag es gelingen, in der Honorius-Frage zu zeigen, „was für erbärmlicher Ausflüchte, tückischer Chikane und unsinniger Distinctionen sich diejenigen bedienen, die sich bemühen, die Infallibilität des Papstes mit der Infallibilität des Concils zu vereinigen." Walch, Ketzerhistorie IX. p. 125.

[2] De Clericis l. I. c. 28. Bonifacius VIII. in cap. Quamquam, de censibus in VI non loquitur per modum definientis rem controversam, sed simpliciter et obiter id asserit. Dasselbe thut Bellarmin in Betreff einiger Decretalen Johannes' XXII. De Romano Pontifice l. 4. c. 14.

[3] Lehre von der Person Christi, Bd. II. 1. S. 205.

[4] Dieß ist auch die Meinung Neander's; derselbe nahm sogar in das Inhaltsverzeichniß des dritten Bandes seiner Kirchengeschichte (S. XX) auf, daß Honorius keine kirchlichen Bestimmungen über den Monotheletismus gewünscht habe.

an die allgemeine Kirche gewesen. Doch, wenn dieß Alles auch falsch wäre, die Theologen meinten wenigstens, die Briefe des Honorius enthielten keine Definition ex cathedra, sie konnten mithin ganz unbeschadet „ihres Systemes" den Papst des Irrthums gegen den Glauben bezüchtigen. So hatte ja auch Melchior Canus gethan, der doch die Unfehlbarkeit des Papstes vertheidigte. Wenn nun die Theologen fast einstimmig und ganz ungehindert durch irgend ein System, während einer zwei Jahrhunderte dauernden Erörterung den Papst Honorius von der Häresie freisprechen, wenn in diesem Urtheil die verschiedensten Schulen: Ultramontane, Gallicaner, Weltklerus und Ordensgeistliche der verschiedensten Farben, Scholastiker und Historiker, ja selbst Jansenisten übereinkommen, so ist gewiß:

1) daß es nicht evident ist, Honorius habe in seinen Briefen Häretisches gelehrt[1],

2) daß es nicht unzweifelhaft ist, das Concil habe Honorius als Häretiker verdammt; denn sonst wäre die katholische Wissenschaft blind, weil ihre zahlreichsten und vorzüglichsten Träger trotz der allersorgfältigsten, langwierigsten Erörterung etwas Evidentes in zwei Briefen[2] nicht gesehen, oder man würde sie verketzern, weil sie einem unzweifelhaften Concilienbeschlusse beharrlich widersprochen. Hiermit scheint die Sache entschieden; denn, wie Döllinger treffend bemerkt, „es ist dringende Pflicht, die Behauptungen eines Verfassers, auch wenn sie in andern, als den dem Beurtheiler geläufigen Wendungen ausgedrückt sind, im kirchlichen Sinne zu nehmen, so lange nicht das Gegentheil evident ist"[3]. Offenbar sind diese Worte nach dem Sprüchwort „de mortuis nonnisi bene" auch auf die Verstorbenen auszudehnen. Da also Honorius nicht evident etwas Häretisches gelehrt hat, da wir ferner zu dieser Annahme weder durch das ganz tadelfreie Leben des Papstes berechtigt, noch auch durch einen Concilienbeschluß dazu gezwungen sind, so wird es dringende Pflicht sein, auch die Worte des Honorius im kirchlichen Sinne zu nehmen. Dieß müßten wir thun, auch wenn wir ganz davon absähen, daß

---

[1] Dieß spricht der schon oben erwähnte Freund Bossuet's, der Bischof Languet, schön mit folgenden Worten aus: On pourrait tirer ici un avantage du consentement presque universel des Théologiens anciens et modernes, qui excusent d'hérésie le Pape Honorius... Cette nuée de témoignages non suspecte devrait au moins rendre douteuse l'hérésie prétendue de la lettre de ce Pape. (Avert. 2. 44. ap. Muzzarelli l. c. § 17.)

[2] Alle Theologen mit sehr geringer Ausnahme hielten diese Briefe für authentisch. „Auch ist, wie Walch (Ketzerhistorie IX. 125) bemerkt, nichts leichter, als ihren Inhalt zu erfahren, weil wir diese Briefe selbst lesen können, und nur ein wenig gesunder Menschenverstand dazu gehört, sie zu verstehen."

[3] Verhandlungen der Münchener Versammlung, S. 133.

Honorius sich in seinem ganzen übrigen Leben durch den größten Eifer für die wahre Religion auszeichnete und jenen hl. Stuhl inne hatte, gegen den uns eine besondere Pietät verpflichtet. Denn wenn diese Rücksichten auch in evidenten Dingen gar nichts vermögen, sie neigen doch in zweifelhaften zu einem günstigen Urtheile.

Eben hierzu muß uns noch eine andere Erwägung über das gewonnene Resultat führen. Es ist nämlich allgemeiner Rechtsgrundsatz, sowohl im canonischen als bürgerlichen, im öffentlichen wie im Privatrecht, daß zweifelhafte Aussprüche eine Interpretation zulassen, besonders von Seiten desjenigen, welcher den Ausspruch gethan, dann durch den Nachfolger des Gesetzgebers; endlich hat auch die Auslegung der Wissenschaft großes Gewicht, vorzüglich wenn sie einstimmig ist. Nun wenden wir diesen Grundsatz zur Entscheidung der Honorius-Frage an. Es ist nicht evident, daß die Worte des Papstes im häretischen Sinne zu nehmen sind; ich will zugeben, daß dieselben auch nicht evident im orthodoxen Sinne zu verstehen seien. Der Interpretation ist also Raum gelassen. Nun denn, wenn Honorius sich besonders im ersten Schreiben ungenau ausgedrückt hat, so erklärte er sich doch deutlicher im zweiten und sprach unverkennbar das katholische Dogma gegen den Monotheletismus aus. Zudem sind zweifelhafte Worte nach der Intention des Verfassers zu erklären [1]; es liegen aber vollgültige Zeugnisse über die Meinung des Honorius vor: nämlich die Aussage des Secretärs, dessen sich der Papst bei Abfassung jener Briefe bediente, und des römischen Klerus, welcher die Gesinnung seines Oberhauptes bei diesem langwierigen Streite kennen mußte und die Worte desselben vertheidigte; ferner die glänzende Versicherung, welche der hl. Sophronius auf dem Kalvarienberge bei der feierlichsten Gelegenheit von der Orthodoxie des Papstes gab. Hierzu kommt die authentische Erklärung, welche der Nachfolger des Honorius von seinem Schreiben erließ. Schließlich hat auch die katholische Wissenschaft von Maximus an fast einhellig die Briefe des Honorius im orthodoxen Sinne interpretirt. Wir haben also alle möglichen Interpretationen zu Gunsten dieses Papstes. Könnten wir nach reiflicher Erwägung aller dieser Entlastungsgründe nichtsdestoweniger die Worte des Honorius im häretischen Sinne erklären?

---

[1] Die Uebereinstimmnng aller Gesetzbücher in diesem Punkte zeigt, daß derselbe in der Natur der Sache begründet ist. So steht im canonischen Rechte: Non debet aliquis verba considerare, sed voluntatem et intentionem, quia non debet intentio verbis deservire, sed verba intentioni. c. 11. causa 22. qu. 5. Aehnlich heißt es im römischen Rechte l. 96. de Reg. jur. (50, 17): In ambiguis orationibus maxime sententia spectanda est ejus, qui eas protulisset. Vgl. auch Code civil. a. 1156.

Um die Sache noch anschaulicher zu machen, stellen wir uns einmal vor, wir säßen zu Gericht und es würde ein Ehrenmann vorgeführt, welcher, obwohl er sich das größte Verdienst um das öffentliche Wohl erworben, wegen zweideutiger Stellen aus seinen Briefen angeschuldigt wäre. Doch fänden sich in ebendenselben Briefen auch andere Stellen, welche deutlich seine Loyalität gerade in dem beregten Punkte aussprächen. Zudem betheuerte der Secretär, dessen er sich bei Abfassung jener Briefe bedient hatte, sein Herr hätte mit jenen Worten nichts Uebles gemeint. Aehnliches behaupteten auch seine Freunde, welche durch mehrjährigen Umgang seine Gesinnung in jener Sache kennen mußten. Die Ankläger selbst hätten die Schlechtigkeit ihrer Sache dadurch zu erkennen gegeben, daß sie die am meisten incriminirte Stelle zu verfälschen gesucht. Endlich wären von allen namhaften Gelehrten Gutachten eingetroffen, welche sich fast einhellig für den Angeklagten ausgesprochen. Welches Urtheil würden wir über ihn fällen? Nicht wahr, wir würden ihn freisprechen. Und wenn wir es nicht thäten, könnten wir dem Vorwurf der Härte entgehen? Würden nicht die Zuschauer einer solchen Verhandlung bei der Verurtheilung unwillkürlich in die Worte ausbrechen, die einst Maximus über die Ankläger des Honorius gerufen: **Obstupui?**

3. Exegese der beiden Briefe des Honorius.

Wir haben jetzt den großen Proceß, den Wissenschaft und Geschichte über Honorius geführt, in seinen drei Phasen, wie sie bis zur französischen Revolution verliefen, durchgangen und als nahezu einstimmige Meinung der katholischen Gelehrten gefunden, daß Honorius nichts Häretisches gelehrt habe, wenn er auch durch unkluges Verfahren und ungenaue Ausdrücke der Häresie mächtigen Vorschub leistete. Die französische Revolution unterbrach, wie so manche andere Erörterungen, auch diese Controverse. Doch durfte man, nachdem dieselbe wieder aufgenommen wurde, nach den frühern Resultaten mit Recht erwarten, daß man in der Vertheidigung des Honorius sich treu geblieben wäre. Leider ist dem nicht so, wie die neuesten Erscheinungen auf dem Gebiete der Wissenschaft beweisen. Nicht nur Protestanten, wie Dorner, sondern selbst Katholiken haben sich im entgegengesetzten Sinne über Honorius ausgesprochen. Was nöthigte dieselben zu solchem Urtheil? Sie nehmen ihre Gründe theils aus den Briefen des Honorius, theils aus dem Anathem der Synode her. Prüfen wir dieselben unbefangen. Es wurde oben bewiesen, daß wir durch kein System, durch keine Lehre zu irgend einer Entscheidung hingedrängt werden. Die hauptsächlich beanstandete Stelle steht im ersten Briefe des Honorius[1] und lautet: „Unde et unam voluntatem fatemur Domini nostri Jesu Christi, quia profecto a divinitate assumpta est nostra natura, non culpa: illa profecto, quae ante peccatum creata est, non quae post praevaricationem vitiata." Nachdem Honorius nun diesen Satz durch die wunderbare Empfängniß und Geburt Christi von einer unbefleckten Jungfrau begründet und einen von dem Worte caro entnommenen Einwand widerlegt hat, spricht er resumirend wiederum den ersten Satz aus: „Non est igitur assumpta, sicut praefati sumus, a Salvatore vitiata natura, quae repugnaret menti ejus. Nam lex alia in membris aut voluntas diversa non fuit vel contraria Salvatori, quia super legem natus est humanae conditionis. Et siquidem scriptum est: Non veni facere voluntatem meam, sed ejus qui misit me, Patris, et: Non quod ego volo, sed quod tu vis: non sunt haec diversae voluntatis: sed dispensationis humanitatis assumptae. Ista enim propter nos dicta sunt, quibus dedit exemplum, ut sequamur vestigia ejus: pius Magister discipulos imbuens, ut non suam unusquisque nostrum, sed Domini praeferat voluntatem." Man glaubt nun hierin den monotheletischen Irrthum zu finden. Hören wir darüber Dorner[2], dessen Ansicht in Kürze diese ist: Nach Maximus sei die Meinung des Honorius gewesen, man dürfe nicht zwei menschliche, widersprechende Willen lehren, „eine beinahe lächerliche Ehrenrettung, denn von zwei menschlichen Willen hatte Niemand geredet... Honorius hat gesagt, zwei Willen können nicht in Christus sein, weil nur Ein Wollender sein könne... Zwei Willen in demselben Subjekte würden sich widersprechen müssen[3]... Den Willen sieht er als Sache der Person an; daher erklärt er auch die Worte: „Vater 2c." nicht von einem menschlichen, dem Vater zu unterwerfenden Willen, sondern sagt, das habe Christus in unserm, der Sünder, Namen, nicht im eigenen, gesprochen." Nicht viel verschieden hiervon drückt sich Döllinger[4] aus: „Honorius, meinte Maximus, habe sich gegen die Annahme zweier menschlichen, sich widersprechenden Willen wehren wollen. An eine solche Absurdität hatte der Papst augenscheinlich nicht gedacht; vielmehr war sein Schluß und die Ursache seines Irrthums kurz ausgedrückt diese: Ein Wollender, also auch Ein Wille, denn der Wille ist Sache der Person und nicht der Naturen. Dabei quälte sich Honorius, gleich den Monotheleten des Orients, mit der

---

[1] Harduin III. 1319.
[2] Lehre von der Person Christi II. S. 218. 219.
[3] Auch Neander sagt von Honorius: Ihm, wie dem Sergius, schien die Zweiheit des Willens in dem Einen Subject ohne Gegensatz nicht bestehen zu können.
[4] Papstfabeln, S. 132. 133. 134.

Vorstellung: ein menschlicher Wille müsse nothwendig dem göttlichen stets widerstreben ... Honorius hatte ganz im Sinne der Monotheleten die zwei entscheidenden Schriftstellen für eine bloße Oekonomie in der Sprachweise Christi erklärt, d. h. eine nur im uneigentlichen Sinne zu nehmende Accommodation." Doch Döllinger geht noch weiter. Er behauptet, Honorius sei im Wesentlichen gleicher Ansicht mit Cyrus von Alexandrien und Sergius gewesen, nicht mehr und nicht weniger Häretiker als die monotheletischen Patriarchen, habe ausdrücklich, ja bestimmter noch als Sergius Einen Willen in Christus gelehrt [1]. Nicht so weit geht Hefele. Aber bei ihm finden wir eine ähnliche Argumentation, wie Döllinger sie dem Honorius zuschreibt: „Wo nur Eine Person, da nur Ein Wirkender und darum nur Ein Wille." Auch nach ihm glaubte Honorius zwei unterschiedene Willen in Christus nicht zulassen zu dürfen, um nicht zwei widersprechende Willen in ihm zugeben zu müssen. Endlich wirft Hefele gleichfalls dem Papste vor, daß er sich durch jene entscheidenden Schriftstellen nicht zur Anerkennung des menschlichen Willens Christi bestimmen ließ. Trotz der einstimmigen Erklärung dieser Gelehrten müssen wir dennoch der Interpretation des hl. Maximus und Johannes IV. durchaus den Vorzug geben; wir behaupten demnach: Honorius habe mit den Worten: Confitemur unam voluntatem Christi nicht den menschlichen Willen überhaupt, sondern nur die Concupiscenz und den aus ihr hervorgehenden, dem göttlichen entgegengesetzten Willen von Christus ausschließen wollen, und demnach, indem er Einen Willen behauptete, entweder nur an die menschliche Natur in Christus gedacht [2], oder eine moralische Einheit, die Conformität des menschlichen Willens mit dem göttlichen, gemeint [3]. Die Richtigkeit dieser Behauptung geht aus den folgenden Worten hervor, die Honorius als Grund für den erwähnten Satz anführt: „Wir bekennen Einen Willen in Christus, weil er die unverdorbene menschliche Natur, wie sie vor dem Sündenfall war, angenommen hat." Nun hatte ganz evident die menschliche Natur vor dem Sündenfall einen Willen, nicht aber die Concupiscenz und das aus ihr hervorgehende Widerstreben des mensch-

---

[1] Daß Döllinger mit diesen Worten zu weit geht, erhellt schon aus seinem Lehrbuch, wo er gesagt hatte, Honorius hätte sich nicht bestimmt für den Monotheletismus erklärt, und wenn er Einen Willen behauptet, hierin nur die Conformität des menschlichen mit dem göttlichen Willen gemeint. Wenn nun der Monotheletismus so ausdrücklich, so bestimmt in den Briefen des Honorius enthalten wäre, hätte dieß ja der geehrte Historiker so lange Zeit ganz übersehen. Wir können uns aber solches schlechterdings nicht denken.

[2] Dem maronitischen Erzbischof David (vom J. 1079) war es nicht unbekannt, daß selbst Orthodoxe bisweilen von Einem Willen in Christus sprächen, um die Gleichförmigkeit des menschlichen Willens mit dem göttlichen zu bezeichnen. Le Quien Oriens p. III. p. 40.

[3] Beide Erklärungen laufen übrigens ganz auf dasselbe hinaus.

lichen Willens gegen den göttlichen; nur dieß also wollte Honorius von Christus läugnen, nicht aber den menschlichen Willen überhaupt. Man kann nicht mit Hefele dagegen erwiedern: Honorius hat eben bei dieser Argumentation nicht den rechten Schluß gezogen und die physische mit der moralischen Einheit verwechselt. Denn Hefele setzt hiermit eben das voraus, was zu beweisen ist, daß nämlich Honorius die Worte: una voluntas Christi im monotheletischen Sinne verstanden habe. Ohne diese Voraussetzung müssen wir so argumentiren: Nach biblischem und patristischem Sprachgebrauch beziehen sich die Worte, die beim Geheimnisse der Incarnation gebraucht werden, bald auf den ganzen Christus, bald nur auf Eine seiner beiden Naturen; ferner wird nach biblischem und patristischem Sprachgebrauch die Einheit bald als eine physische, bald als eine moralische genommen. Wie also dergleichen Ausdrücke zu verstehen sind, muß der Context lehren. Nun aber wird in diesem laut den folgenden von Honorius noch in demselben Satze gebrauchten Worten nicht der menschliche Wille überhaupt, sondern nur die Concupiscenz, der verderbte Wille von Christus ausgeschlossen. Honorius hat also mit den Worten: una voluntas entweder nur an die menschliche Natur in Christus gedacht oder bloß eine moralische Einheit des menschlichen mit dem göttlichen Willen gemeint. Wir dürfen uns ferner in unserer Behauptung nicht durch die Worte Dorner's beirren lassen, es sei eine lächerliche Ehrenrettung, wenn man sage, Honorius habe zwei menschliche Willen von Christus ausschließen wollen, besonders da, wie Döllinger bemerkt, der Papst an eine solche Absurdität nicht gedacht habe. Schon die Autorität des hl. Maximus, der von Döllinger als der gelehrteste und scharfsinnigste Theologe seiner Zeit bezeichnet wird [1], bürgt uns dafür, daß die Sache nicht so lächerlich ist. Zwei geistige menschliche Willensvermögen in Einem Subject ist freilich eine Absurdität, woran Honorius nicht gedacht hat, aber der höhere menschliche Wille und die Concupiscenz (böse Begierlichkeit), welche, wie die Apologeten des Papstes sagen, von der hl. Schrift voluntas carnis genannt wird, können ohne Absurdität in Einem Subjecte sein und sind es wirklich in uns allen. Gewiß ist gleichfalls, daß Honorius eben diese Concupiscenz, das Gesetz in den Gliedern, welches er ganz in eine Linie mit diversa vel contraria voluntas stellt, von Christus läugnen wollte.

Die Richtigkeit der gegebenen Interpretation ergibt sich ferner aus der Absicht, welche Honorius bei Abfassung dieser Stelle gehabt hat. Er mochte nach dem Briefe des Sergius glauben [2], die Vertheidiger der

---

[1] Lehrbuch I. S. 174.
[2] Dieß Moment hebt besonders der große Kenner der Patristik, Petau, hervor (de incarnat. I. 21. § 12). Uebrigens hatte schon Papst Johannes IV. in seiner

zwei Energien hätten wirklich zwei unabhängige und conträre Willen in Christus angenommen, und dieser Irrthum sei daher vorzüglich zu bekämpfen. Seine Behauptung und Begründung des Einen Willens in Christus ist daher nichts anderes, als eine Refutation des bei Sergius angeführten, angeblich durch die zwei Energien angedeuteten Widerspruchs der zwei Willen in Christus. Darum geht er in den folgenden Sätzen einzig und allein darauf aus, die böse Begierlichkeit (Concupiscenz) und den aus ihr sich ergebenden, dem göttlichen entgegengesetzten Willen von Christus auszuschließen. Man wundere sich aber nicht, daß Honorius auch von der Concupiscenz, dem Willen des Fleisches, redet, obwohl Sergius davon gar nicht gesprochen. Sergius war Monothelet und brachte darum die monotheletische Argumentation für den allerdings wahren Satz, daß in Christus kein Widerspruch der Willen sei. Honorius war rechtgläubig, darum vermied er die schlüpferigen Argumente des Sergius. Er führte vielmehr für jenen Satz den ganz richtigen Grund an: Darum ist in Christus kein Widerstreit seines (menschlichen) Willens gegen den göttlichen, weil er die unverdorbene menschliche Natur ohne die Concupiscenz angenommen.

Doch hören wir nun auch die Gründe, welche unsere gelehrten Gegner für ihre Ansicht anführen. Honorius, sagen sie, argumentirt: „Ein Wollender (Ein Wirkender), also auch Ein Wille; zwei unterschiedene Willen in Einem Subjecte müßten sich widersprechen." Da Honorius nicht ausdrücklich diese Argumentation gebraucht, so wollen wir einmal sehen, ob sie nicht vielleicht doch im Context liegt. Nachdem der Papst viel über die Einigung beider Naturen in Christus gesprochen hatte, fährt er fort: Unde et confitemur unam voluntatem. Wenn die Worte: Unde et keine nichtssagende Verbindungspartikel sind, sondern eine strenge Folge einleiten, so beziehen sie sich auf die unmittelbar vorhergehende Phrase: propter ineffabilem conjunctionem humanae divinaeque naturae, und der Sinn wäre dann: eben wegen dieser unaussprechlichen Vereinigung der göttlichen und menschlichen Natur bekennen wir auch nur Einen Willen in Christus, weil er offenbar die Natur, nicht die Schuld angenommen. Da der Papst von der Vereinigung der Naturen gesprochen, knüpft er hieran seinen Gedanken und sagt: Wir bekennen Einen Willen in Christus wegen der Vereinigung der menschlichen Natur mit der göttlichen, weil ja, wie sich von selbst versteht (profecto), nicht die Schuld, sondern die menschliche Natur mit der Gottheit vereinigt ist. Solches entspricht denn auch ganz der Bedeutung von profecto, das, wie Forcellini bemerkt, eine particula

---

Apologie des Honorius darauf aufmerksam gemacht. Neuerdings wurde alles dieses im Dezemberheft des Katholiken S. 688, 689 scharfsinnig erörtert.

affirmandi ist und häufig das schon Gesagte noch einmal bekräftigt [1]. Ist dieß aber der Context, so leuchtet aus demselben nicht die Argumentation hervor, die man dem Honorius unterschiebt. Jedenfalls tritt dieselbe nicht offen an's Licht, da die größten Kenner der Patristik sie nicht gesehen, und darum ist gerathener, sich an das Argument zu halten, welches Honorius deutlich, ausdrücklich, unzweifelhaft ausspricht: In Christus ist Ein Wille, weil er die unverdorbene menschliche Natur angenommen hat. Hierdurch aber wird, wie wir gesehen, der monotheletische Sinn der Worte ausgeschlossen.

Doch noch auf etwas Anderes weisen die genannten Gelehrten hin: Honorius habe die beiden Schriftstellen, worin von einem Unterschied zwischen dem göttlichen und menschlichen Willen die Rede ist, wie die Monotheleten von einer bloßen Oekonomie in der Sprechweise, von einer im uneigentlichen Sinne zu nehmenden Accommodation gedeutet, indem er nach Anführung jener Stellen sage: Non sunt haec diversae voluntatis, sed dispensationis humanitatis assumptae. Man sieht, Alles hängt hier von der Bedeutung des Wortes dispensatio ab. Was will denn jenes Wort sagen, das die heiligen Väter, die von der Menschwerdung reden, unzählige Male anwenden, das heut zu Tage aber selten mehr gebraucht wird? Anastasius Sinaita belehrt uns [2], daß οἰκονομικῶς (ex dispensatione) dreierlei bedeutet: 1) was sich auf die Menschwerdung bezieht, und mit ihr zusammenhängt; 2) was aus Accommodation geschieht, wenn man nämlich um des Heiles Anderer willen etwas thut, was sonst nicht geschehen müßte; 3) was nicht um seiner selbst willen, sondern um etwas Anderes zu bezeichnen, gethan wird, wie z. B. Christus den unfruchtbaren Feigenbaum verdorren machte. Die Häretiker aber, fährt Anastasius fort, lassen diese Bedeutungen bei Seite und erklären für οἰκονομικῶς das, was bloß scheinbar, nicht wirklich geschieht [3]. Petavius setzt hinzu, daß die zweite Bedeutung die gewöhnlichste ist, wenn vom Leiden Christi und alle dem die Rede ist, das er nicht als nothwendige Folge der angenommenen Natur, sondern ganz aus freien Stücken, aus herablassender Güte zu unserm Nutzen und Beispiel auf sich genommen und erduldet hat. So weit Petavius. Wenn nun dieß die Bedeutung des Wortes dispensatio ist, so sieht Jeder ein, daß es kein

---

[1] Cf. Cicero Fl. 22: Non est ita, Iudices, non est profecto. Dasselbe würde gelten, wenn Honorius ursprünglich eine andere, dem griechischen προδήλως entsprechende Bekräftigungspartikel gebraucht hätte.

[2] Petav. de Incarn. II. 1. § 3.

[3] Daß auch orthodoxe Schriftsteller hie und da das Wort in diesem Sinne nehmen, ist gewiß. Doch darf man diese ungewöhnliche Bedeutung nie bei ihnen ohne die triftigsten Gründe supponiren.

passenderes Wort geben kann, um die Affecte des menschlichen Willens, die Christus am Oelberg hatte, in Gebete dem himmlischen Vater vorstellte und seinen Willen (τὸ ἐμὸν θέλημα) nannte, zu bezeichnen. Darum nehmen denn auch die hl. Väter durchaus keinen Anstand, hierauf das Wort dispensatio (οἰκονομία) oder äquivalente Ausdrücke anzuwenden. So sagt Augustinus: „Wenn im Evangelium von Christus berichtet wird, daß seine Seele vor dem Leiden traurig war, so ist das in Wahrheit geschehen; doch hat er diese und ähnliche Bewegungen in sein Gemüth, wann es ihm beliebte, aufgenommen, certae dispensationis gratia [1]." Dieß erklärt dann der große Lehrer weiter, indem er auseinandersetzt, daß wir dergleichen Affecte hätten, „auch wenn wir nicht wollten, wegen der Schwäche der menschlichen Natur, nicht so Jesus, dessen Schwäche aus freier Machtvollkommenheit war" [2]. Gleicherweise wendet Epiphanius das Wort auf die Affecte Christi im Oelgarten und das Gebet, wodurch er dieselben ausdrückte, an: „dieß Alles hat Christus angenommen aus Accommodation (οἰκονομικῶς) sich der Worte menschlicher Neigungen bedienend, und nicht verstellter Weise, sondern in Wahrheit sagend: Nicht mein Wille geschehe" [3]. Man bemerke hier, daß Epiphanius von derselben Stelle der hl. Schrift, welche Honorius erklärte, spricht. Ganz dasselbe thut nun auch Chrysostomus, indem er gerade von dieser Stelle sagt: τὸ ὅλον τῆς οἰκονομίας ἐστὶ καὶ τῆς κατὰ τὴν σάρκα ἀσθενείας. „Die ganze Stelle bezieht sich auf das, was Christus als Mensch, aus Herablassung zur menschlichen Schwäche gethan hat" [4]. Gleicherweise gebraucht auch Cyrillus mehrmals [5] das Wort οἰκονομία bei der Erklärung dieser sowie ähnlicher Stellen, und er behauptet, Christus hätte dergleichen um der Oeconomie der

---

[1] Wie Augustinus, sagt auch Thomas von Aquin (Summa p. 3. q. 14. a. 4) von den „naturales et indetractibiles passiones": Christus hätte sie aus freiwilliger Accommodation (dispensative) angenommen, um für unsere Sünden genug zu thun, nicht aber, weil sie ihm an und für sich zukamen. Man sieht, der hl. Thomas wendet das Wort ganz in derselben Bedeutung an, wie sein großer Lehrmeister es gethan hatte.

[2] Augustinus macht hier eine schöne Periphrase des vorhin gebrauchten dispensatio, indem er die im Deutschen fast unnachahmbare Antithese setzt: „Cujus infirmitas ex potestate." S. Aug. de civitate Dei l. 14. c. 9. ed. Maur. t. VII. p. 359.

[3] Epiphan. sermo 69 contra Ariomanitas ap. Harduin III. p. 1222.

[4] S. Chrys. de consubst. contra Anomoeos VII. ed. Montfaucon l. 508.

[5] S. Cyrill. Thesaur. Assert. XXIV. ed. Migne t. 8. p. 390 et sq. Merkwürdig ist, daß Cyrillus eine ähnliche Nutzanwendung wie Honorius aus der fraglichen Stelle der hl. Schrift zieht. „Christus sprach als Mensch: Nicht mein, sondern dein Wille geschehe, um uns zu belehren, daß wir nicht unsern, sondern des Vaters Willen vorziehen sollen."

menschlichen Natur willen (διὰ τὴν χρείαν τῆς μετὰ σαρκὸς οἰκονομίας) gesagt. Man sieht, an keiner dieser Stellen bedeutet das Wort „eine Oekonomie in der Sprechweise", vielmehr verwahren sich Augustinus und Epiphanius ausdrücklich dagegen, daß dergleichen scheinbar geschehen oder im uneigentlichen Sinne gesagt wäre, es wird das Wort stets in der ersten oder zweiten der oben (S. 43) aus Anastasius Sinaita angeführten Bedeutungen gebraucht. Andere Väter wenden völlig äquivalente Phrasen zur Bezeichnung derselben Sache an. Denn wenn Tertullianus sagt [1]: Gott habe durch die Annahme menschlicher Gefühle die für uns Menschen unerträgliche Gewalt seiner Majestät mit einer Demuth gemildert, die seiner wenig würdig, uns aber nothwendig und darum auch Gottes würdig war; wenn Ambrosius [2] gerade darin den höchsten Beweis der göttlichen Güte und Majestät bewundert, daß Christus seine Seele von unserer Furcht, von unserer Traurigkeit, von den Gefühlen unserer Schwäche bewegt werden ließ und so auf unsern Wegen in des Todes Nöthen hinabstieg; wenn Leo [3] in seiner schönen Weise auseinandersetzt, der Heiland habe am Oelberg mit unserm Beben gezittert, mit unserm Kummer sich betrübt, mit unserer Schwäche sich bekleidet, um für das Unserige vermittelst eines wunderbaren Tauschhandels das Seinige zu geben; wenn Augustinus [4] behauptet, Christus habe dergleichen Affecte nicht aus Naturnothwendigkeit, sondern aus freier Güte angenommen, um in sich das Bild seiner Glieder darzustellen; wenn Gregor d. Gr. [5] schreibt, da Christus in Todesangst gerieth und betete, hätte er solches nicht seinetwegen gethan, sondern das Aeußere seiner Glieder angenommen und den Kampf unseres Geistes in sich ausgeprägt; wenn Sophronius [6] bemerkt, Christus sei der Verwalter und Gebieter alles dessen gewesen, was mit seiner menschlichen Natur geschah; mit einem Worte, wenn die hl. Väter einstimmig lehren, nirgends habe Christus mehr wie ein schwacher Mensch geredet, gehandelt, gelitten, als am Oelberg, nicht aber aus Naturnothwendigkeit, sondern wegen freiwilliger Herablassung zu unserer Schwäche: so wendet die wunderbare Wortfülle, die dem Herzen der Väter entströmte, ganz und gar äquivalente Ausdrücke statt des einfachen dispensatio an. Das ist also die Bedeutung dieses Wortes, das die Ausdrucks- und Anschauungsweise der hl. Väter, wenn sie von jenen Affecten des menschlichen Willens reden, die Chri-

---

[1] Tertull. contra Marc. l. 4. c. 27.
[2] Ambros. in Luc. c. 22. ed. Maur. Ven II 1070. De fide II. c. 5. et sq. l. III. 607.
[3] Leo sermo de Pass. III. VII. ed. Ballerini p. 206 222. t. I.
[4] S. Aug. ap. Maldon. in Matth. c. 26.
[5] S. Greg. in Job. l. 24. c. 33.
[6] Harduin III. 1278.

stus am Oelberge hatte, im Gebete dem himmlischen Vater ausdrückte und dann mit den Worten „nicht wie ich will" als seinen Willen bezeichnete. Wenn nun Honorius bei derselben Stelle dasselbe Wort gebraucht, wenn sein Secretär betheuert, er habe bei dieser Auseinandersetzung der Lehre der Väter folgen wollen, dürfen wir dann dieses Wort in einem andern, ungewöhnlichen Sinne nehmen, um daraus ein Argument für seine ketzerische Gesinnung oder Sprechweise zu nehmen? Nein, das wäre gegen die erste Regel der Hermeneutik, welche vor Allem uns gebietet, die Worte eines Schriftstellers nicht ohne Noth in einem ungebräuchlichen Sinne zu verstehen; das wäre gegen alle Billigkeit, welche unbedingt von uns verlangt, bei der Erklärung der Schriften einer andern Zeit uns in die Anschauungsweise jener Zeit zu versetzen und aus dieser heraus die betreffenden Aeußerungen zu beurtheilen und zu interpretiren. Demgemäß ist der Sinn der incriminirten Worte des Honorius folgender: die Stellen der hl. Schrift, in denen der Wille Christi dem Willen des Vaters entgegengesetzt wird [1], weisen nicht auf einen dem göttlichen widerstrebenden Willen hin, sondern auf eine Accommodation [2] der angenommenen menschlichen Natur, d. h. auf eine ganz freiwillige Herablassung zu unserer Schwäche, in Folge derer die angenommene (menschliche) Natur Christi jene Willensbewegungen der Traurigkeit und Furcht vor dem vom himmlischen Vater gewollten Leiden hatte. Der Papst sagt hiermit, wenn auch mit andern Worten, ganz dasselbe, was Sophronius in seinem vom sechsten Concil gebilligten Synodalschreiben ausspricht: Christus litt und wirkte menschlich, wann er selbst wollte, und wann er es für die Zuschauer für nützlich erachtete (d. i. ex dispensatione [3]), nicht aber, wenn die physischen und sarkischen Bewegungen physisch zur Wirksamkeit bewegt sein wollten (d. i. non ex diversa voluntate).

---

[1] Marc. 14: „Nicht wie ich will, sondern wie du willst, Vater." Joh. 6: „Ich bin nicht gekommen, damit ich meinen Willen thue, sondern den Willen dessen, der mich gesandt hat."

[2] Man sieht, auch wir nehmen hier eine Accommodation an, nicht jedoch in dem von Döllinger gewollten, sondern in dem bei den Vätern gebräuchlichsten Sinne. Wollten wir dispensatio in der ersten, S. 43 aus Anastasius angeführten, gleichfalls nicht ungewöhnlichen Bedeutung verstehen, so wäre der Sinn des Wortes: das, was Christus seiner menschlichen Natur nach zu unserm Heile gethan hat. Im Wesentlichen bliebe der Sinn der Worte auch bei dieser Auslegung derselbe, nur wäre er viel unbestimmter.

[3] Man vergleiche die oben citirte Erklärung, welche Petavius von dispensatio gibt: dieses Wort würde besonders von dem gebraucht, was Christus freiwillig, nicht aber in nothwendiger Folge der angenommenen menschlichen Natur, zum Nutzen und Beispiel der Menschen that und litt.

So orthodox nun die von Honorius vorgetragene Lehre ist, so treffend ist auch die von ihm gegebene Lösung der Schwierigkeit, welche anscheinend aus den angeführten Schriftstellen gegen seine Behauptung, daß in Christus weder Concupiscenz, noch ein dem Erlöser widerstrebender Wille gewesen, entsprang. Er sagt nämlich: jene Affecte, in denen Christus vor dem Leiden zurückbebte und die er in den genannten Stellen als seinen Willen gegenüber dem Willen des Vaters bezeichnete, gingen nicht aus der Begierlichkeit hervor, waren seinem göttlichen Willen nicht entgegen, weil sie durch freiwillige Zulassung in seiner menschlichen Natur erregt wurden. Gerade so lösten Ambrosius, Leo, Damascenus, Thomas von Aquin [1] ähnliche Schwierigkeiten. Wir haben bei dieser unserer Erklärung allerdings zunächst nur die Worte bei Marc. 14, 36 berücksichtigt, aber das Gesagte gilt auch von der andern von Honorius citirten Stelle (Joh. 6, 38), weil der Papst beide Stellen auf Eines und dasselbe bezieht. Auch andere Väter [2] verstehen diese Stelle vom Leiden, das der himmlische Vater zur Erlösung der Menschen gewollt und vor dem der menschliche Wille in Christus sich naturgemäß fürchten konnte und sich auch wirklich fürchtete; hatte doch Sergius gleichfalls nur des Widerstrebens des menschlichen Willens gegen das Leiden gedacht. In der That kann, wenn es sich um die Frage handelt, ob in Christus ein Widerspruch der Willen gewesen, kaum eine andere Schwierigkeit gemacht werden, weßhalb auch die Väter, wenn sie auf diesen Punkt kommen, gewöhnlich nur von den Bewegungen des menschlichen Willens in Christus gegen das Leiden reden. Die gegebene Erklärung wird nun durch mehrere Momente bestätigt.

1) Mag auch dispensatio ohne die Apposition: susceptae humanitatis hie und da, wenn von Christus die Rede ist, eine im uneigentlichen Sinne zu nehmende Accommodation bedeuten, so wird doch schwerlich auch nur ein einziges Beispiel beigebracht werden, wo dispensatio mit diesem oder ähnlichem Zusatz solches bedeutet [3]. Nach der Uebersetzung Hefele's („eine Accommodation mit Rücksicht auf die Menschheit, deren Natur er angenommen") [4] wäre freilich dieser Sinn zulässig; aber diese Ueber-

---

[1] Damasc. de orthodoxa fide III. c. 18. Ed. le Quien. t. I. p. 241. S. Thom. Summae p. 3. q. 18. a. 6. Besonders schön spricht hierüber der hl. Ambrosius: „So weit, sagt er, ist Christus uns in seinem Affecte ähnlich geworden, daß er ausrief: Nicht wie ich will, sondern wie du willst, obwohl er dasselbe wie der Vater wollte." Er löst nun diesen anscheinenden Widerspruch dadurch, daß er ausführlich entwickelt: Christus habe aus Liebe unseretwegen unsere Affecte angenommen.

[2] Cyrill. Comment. in Joh. ad VI. 38. Damascenus stellt gleichfalls beide Stellen (Joh. 6 und Marc. 14) zusammen und versteht in der Erklärung der ersten Stelle unter dem Willen des Vaters den Erlösungstod. So auch Ambrosius.

[3] Cf. Du Cange Glossar. ad v. „dispensatio" n. 1.

[4] Conciliengeschichte III. 135.

setzung ist unseres Erachtens verfehlt, denn susceptra humanitas ist offenbar die singuläre menschliche Natur, welche Christus angenommen, nicht aber die Menschheit, deren Natur er angenommen hat.

2) Unsere Erklärung wird durch die Vergleichung einer Stelle beim hl. Augustinus bestätigt, welche aller Wahrscheinlichkeit nach Honorius bei Abfassung dieses Briefes vor Augen gehabt, nämlich des 20. Kap. n. 2. 3. des II. (III.) Buches der Schrift gegen Marimus. Nicht nur, daß dort vier disparate Stellen aus der hl. Schrift erläutert werden, worüber Honorius gleichfalls spricht, sondern es findet auch eine auffallende Aehnlichkeit der Sentenzen und Worte in jenen beiden Schriftstücken statt, wie aus einer einfachen Zusammenstellung erhellen wird.

Aug. contra Maximum l. II. c. 20:

Nec moveat, quomodo Christus secundum id, quod *homo est, descenderet de coelo,*
cum de matre, *quae in terra* erat, factus sit homo.
Una persona est Christus, *Deus et homo.*
Propter quod dictum est: *Joh. 3, 13.*
Si attendas *unitatem* personae,

et Filius hominis descendit de coelo,

et Filius *Dei est crucifixus.*
Ipse enim est Dominus gloriae, de quo *Apostolus* ait: *1 Cor. 2,*
Collatio cum Maxim. n. 14: Dico, Verbum sic factum esse carnem,
ut *nulla de humana carne pateretur contagia.*
Suscepit ergo animam et carnem humanam sine ulla peste contagii
et utrumque i. e. *animam et carnem humanam salvare* dignatus est.
Contra Maxim. l. 2: *De similitudine carnis peccati* (in qua *venit*) damnavit *peccatum.*
Collatio 11: Caro nihil aliud quam homo: *Luc. 3, 6.*

Honorii epistola ad Sergium:

Filius hominis descendens de coelo,

dum... non de coelo, sed de genitrice assumpta fuit caro [1].
Ipse *Deus et homo.*

Nam veritas ita inquit: *Joh. 3, 13.*
Propter ineffabilem *unionem* naturarum
et *humanitas* [2] *dicitur ex coelo descendisse,*
et Deus pati.
Cui *Apostolus* concinens *ad Corinthios* (c. 2) ait:
Partus est de virgine,

nullum experiens contagium humanae naturae.
Non est igitur suscepta vitiata natura.

sed venit *salvare vitiatam humani generis naturam.*
In similitudine carnis peccati veniens, abstulit *peccatum.*

Carnis vocabulum in bono intelligitur: *Luc. 3, 6.*

---

[1] Harduin trennt freilich diesen Satz durch einen Punkt vom vorhergehenden, aber derselbe gehört offenbar dem Sinne nach zu jenem. Die Veränderung des Modus im Zeitwort beweist nicht das Gegentheil.

[2] Honorius setzt nach dem spätern lateinischen Sprachgebrauch das Abstractum

Zweimal citirt Honorius auch eine Stelle aus der hl. Schrift, nicht wie sie in der hl. Schrift, sondern wie sie in jenem Buche gegen Maximus steht. So sagt er: in similitudine carnis peccati *veniens;* ebenso bei Augustinus: Similitudo carnis peccati, in qua venit [1]; dann citirt der Papst: *Non veni facere voluntatem meam,* gerade so, wie Augustinus schreibt [2]: ubi se dicat *non venisse facere voluntatem* etc.; in der hl. Schrift steht statt venire an der ersten Stelle das Zeitwort mittere, an der zweiten aber: Descendi de coelo, non ut faciam voluntatem etc. Endlich findet sich auch in diesem Buche des hl. Augustinus der so incriminirte Ausdruck: *dispensatio suscepti hominis* [3], wofür Honorius das Abstractum setzt: *susceptae humanitatis.* Man könnte noch auf Anderes aufmerksam machen, doch ich glaube, das Angeführte zeigt hinlänglich, daß eine mehr als zufällige Uebereinstimmung in beiden Schriftstücken herrscht, daß Honorius bei Abfassung seines Schreibens jenes Werk Augustins vor Augen gehabt und nach ihm seinen Brief verfaßte. Nun, was bedeutet denn bei Augustin das von ihm in jenem Werke gebrauchte dispensatio suscepti hominis? Nachdem er gesagt: Christus habe sich selbst entäußert, Knechtsgestalt angenommen, sei dem Menschen gleich und im Aeußern wie ein Mensch erfunden, will der hl. Augustin, daß man hierin die dispensatio suscepti hominis erkenne. Dieser Ausdruck bezieht sich also auf das, was der menschlichen Natur in Christus, nicht aber seiner Gottheit zukommt, auf die unbegreifliche Herablassung des Sohnes Gottes zur menschlichen Schwäche. Wenn nun Augustinus von der Stelle: „Nicht, wie ich will, sondern wie du willst" sagt, sie beziehe sich auf den menschlichen Willen und die menschliche Natur, da Christus unsere Traurigkeit und Schwäche nicht in seinen göttlichen, sondern in seinen menschlichen Affect hinübergenommen, so sieht Jeder ein, daß er solches nicht besser als durch dispensatio hätte bezeichnen können. Und wenn er von der andern Stelle bei Joh. 6 an dem bezeichneten Orte sagt, sie könne recht gut auf Christus als Mensch bezogen werden [4], so paßt wiederum hierauf der Ausdruck dispensatio im patristischen Sinn. Indem mithin Honorius dieses Wort zur Erläuterung jener beiden Stellen gebraucht, weicht

---

für das Concretum, wie fraternitas für frater, und dispensatio susceptae humanitatis für das augustinische dispensatio suscepti hominis.

[1] Contra Maxim. l. c. 2. ed. Maur. Paris 1689. t. VIII. p. 679.
[2] L. c. II. c. 14. n. 8.
[3] Collatio cum Maxim. n. 14. Diese Collatio bildet mit den beiden folgenden Büchern contra Maxim. Ein Werk.
[4] Daß Honorius gerade diese Auslegung billigte, geht daraus hervor, daß er die ganze, von Augustinus zu ihrer Bekräftigung geführte Auseinandersetzung in seinen Brief aufgenommen hat.

er hierin durchaus nicht von jener Schrift ab, die er bei Abfassung seines Briefes vor Augen gehabt. Die Stelle bei Augustinus ist nun aber so wenig monotheletisch, daß sie von der sechsten Synode, dem hl. Thomas und andern Theologen zur Bekämpfung des Monotheletismus angewandt wird. Auch wird man schwerlich nach Allem, was über Honorius gesagt wurde, annehmen, daß der so eifrige Papst, wo er die lichtvolle Auseinandersetzung des in Rom so hochgeachteten Augustinus über den menschlichen Willen in Christus vor Augen hatte, diesen menschlichen Willen habe leugnen wollen.

3) Es wird die gegebene Erklärung durch die unmittelbar folgenden Worte bestätigt, und schon der hl. Maximus hat hierauf hingewiesen. „Denn dieses ist, fährt Honorius fort [1], unsertwegen gesagt, denen der fromme Meister ein Beispiel gab, daß wir seinen Fußstapfen folgen möchten, seine Schüler belehrend, daß wir nicht unsern, sondern vielmehr des Herrn Willen in Allem vorziehen." Als Grund also, warum die Worte Christi von einer Accommodation zu verstehen sind, führt Honorius an: weil sie unsertwegen, um uns ein Beispiel zu geben, gesprochen wurden. Man vergleiche die oben citirte Erklärung, welche Petavius von dispensatio gegeben, und man wird diesen Grund ganz passend finden. „Der Heiland, meint Honorius, hat dergleichen nicht um seiner selbst willen gesagt, als ob die Willensbewegungen, die in jenen Worten ihre Bezeichnung und ihren Ausdruck erhielten, mit Nothwendigkeit aus seiner menschlichen Natur gefolgt wären, sondern unsertwegen, um uns ein Beispiel zu geben, hat er jene Furcht und Traurigkeit angenommen und jene Worte, mit denen er diese Willensbewegungen dem göttlichen Willen unterwarf, gesprochen. Darum sind jene Worte nicht von einer dem Erlöser widerstrebenden oder unfreiwillig sich regenden Begierlichkeit oder Willensbewegung (diversa voluntas), sondern von einer Accommodation zu verstehen, deren Christus sich zu unserm Besten unterzogen hat." Ist dieß nun der Context der Stelle, so ergibt sich hieraus nicht nur ein Beweis für unsere Erklärung, sondern auch für die Orthodoxie des Honorius. Denn wie der Papst sagt, gab der Heiland uns ein Beispiel zur Nachahmung und Belehrung, daß wir unsern Willen dem Willen Gottes unterwerfen sollen. Ein Beispiel besteht nun selbstredend nicht in bloßen Worten, denen die Wirklichkeit nicht entspricht. Hat also Christus nach den Worten des Honorius uns ein Beispiel gegeben, daß wir unsern Willen dem göttlichen unterwerfen sollen, so muß er nach der Meinung dieses Papstes einen menschlichen Willen gehabt haben, den er dem göttlichen unterworfen hat. Nur auf diese Weise erhalten wir einen vernünftigen Sinn in der ganzen Stelle.

---

[1] Harduin III. 1322.

Wenn wir aber das Wort dispensatio (oeconomia) von einer im uneigentlichen Sinne zu nehmenden Accommodation verstehen, so ergibt sich eine große Absurdität. Christus hätte, ohne seinen Willen dem Willen des himmlischen Vaters zu unterwerfen, uns doch ein Beispiel hierin gegeben. Diese Absurdität ist um so größer, weil man den Papst sagen läßt: Darum sind die Worte Christi im uneigentlichen Sinne zu verstehen, weil [1] Christus sie unsertwegen, um uns mit seinem Beispiele voranzugehen, gesprochen hat; mit andern Worten: darum hat Christus nicht wirklich seinen Willen unterworfen, weil er uns in dieser Unterwerfung mit seinem Beispiel vorangegangen ist. Solche Absurdität, die consequent aus der besagten Auffassung sich ergibt, darf man einem Papst nicht zumuthen, da jedes Kind weiß, daß gutes Beispiel nicht in bloßen Worten besteht und ohne entsprechende That undenkbar ist. So lächerlich demnach eine solche Absurdität ist, so evident ist es, daß Honorius einen menschlichen, vom göttlichen unterschiedenen Willen in Christus gesetzt und das Wort dispensatio nicht in dem Sinne einer Oekonomie in der Sprechweise genommen hat.

Doch angenommen, er hätte das Letztere doch gethan, was folgt daraus gegen seine Orthodoxie? Auch Chrysostomus [2] schreibt zur Erklärung der Stelle bei Joh. 6: „Wie, hatte Christus einen andern Willen als der Vater? ... Er hatte mit demselben Einen Willen (ἓν θέλημα) und er sagte, er handle in Uebereinstimmung mit dem Willen des Vaters, um größern Eindruck auf die Zuhörer zu machen." Sodann erklärt Gregor von Nazianz [3] die andere Stelle bei Marc. 16: diese Worte seien nicht auf den Erlöser zu beziehen, sondern gemäß der beim Menschen gewöhnlichen Handlungsweise gesprochen, da der menschliche Wille meistens dem göttlichen widerstrebe, man könne aber von Christus nicht behaupten, er habe seinen Willen dem Willen des Vaters entgegengesetzt. Auf dieselbe Weise, meint Gregor, könnte man auch die Worte bei Joh. 6 erklären, wenn dieselben nicht vielmehr sich auf die göttliche Natur bezögen und die Willenseinheit zwischen Vater und Sohn aussprächen. Wenn es nun keinem Katholiken einfällt, wegen solcher Stellen die beiden Väter des Monotheletismus zu verdächtigen, warum sollte man dieses mit Honorius um ähnlicher Behauptungen willen thun? Doch wir haben uns lange genug mit der Erklärung dieser von Hefele und Döllinger gerügten Stellen aufgehalten, die selbst Bossuet, obwohl er die ganze Kraft seines großen Geistes aufbot, um

---

[1] Denn man merke wohl, Honorius führt diesen Satz mit der Causalpartikel enim ein.
[2] Comment. in Joh. ed. Montfaucon VIII. 266.
[3] Oratio theolog. IV. n. 12. ed. Maur. Paris 1778. I. 548.

etwas Häretisches in den Briefen des Honorius zu entdecken, für unverfänglich gehalten zu haben scheint.

Gehen wir nun zu einem andern Vorwurf über, den Hefele dem Honorius macht[1], daß dieser nämlich das Wollen und Wirken unrichtig nur von der Person und nicht von der Natur ausgehend betrachtet. Das wäre allerdings ein monotheletischer Irrthum; doch nicht nur diesen wirft Hefele dem Papste vor, sondern er bürdet ihm zugleich einen grellen Widerspruch auf, indem er fortfährt: „In seinem zweiten Brief schreitet Honorius selbst wieder über diesen Irrthum hinaus, da er ganz richtig sagt: die zwei Naturen wirken unvermischt, was ihnen eigen ist." In der That, wer solches behauptet, betrachtet das Wirken zugleich als von der Natur ausgehend. Und doch soll Honorius das Wirken als nicht von der Natur, sondern nur von der Person ausgehend betrachtet haben? Fürwahr, Hefele muß zwingende Gründe für diese seine Annahme gehabt haben, denn ohne zwingende Gründe sollte man in den Worten eines Papstes weder einen Widerspruch, noch einen unkirchlichen Satz annehmen. Sehen wir also, was das für Gründe sind. Wörtlich ist der Satz: das Wirken geht nicht von der Natur aus, nirgends in den beiden Briefen enthalten. Worauf stützt sich denn der gelehrte Historiker? Es möchte fast scheinen, als ob er seine Beschuldigung gegen Honorius daraus herleite, daß der Papst hauptsächlich und scharf den Satz accentuire: „in Christus ist nur Ein Wirkender, der Herr Jesus Christus, der das Göttliche und Menschliche wirkt mittelst beider Naturen", denn nichts anderes ist an der betreffenden Stelle angegeben: zudem läßt Hefele den Honorius auch anderswo argumentiren: „Ein Wirkender und darum nur Ein Wille"[2]. Nun ist, wie ohne Zweifel auch Hefele zugestehen wird, der Satz: In Christus ist nur Ein Wirkender, der Herr Jesus Christus, einstimmig von den hl. Vätern und der Kirche behauptete Lehre[3], welche auch die Hauptgegner der Monotheleten: Sophronius, Maximus, Damascenus und das sechste Concil hervorheben. Wie kann man aber deßhalb, weil Honorius ein Dogma scharf accentuirt, in seinen Worten eine Irrlehre und zudem einen grellen Widerspruch finden! Aber, wird man antworten, das war gerade die Handlungsweise der Monotheleten, sie hoben auch immer diesen Satz von Einem Wirkenden hervor. Nun ja, doch sind sie deßhalb gerade Häretiker? Hat nicht auch Sophronius in seinem vom sechsten Concil gebilligten Synodalschreiben diesen Satz scharf betont? Wollen wir also deßhalb

---

[1] Conciliengeschichte III. 147.
[2] Conciliengeschichte III. 137.
[3] Cf. Petav. de incarnatione l. VIII. c. 11. Auch Petavius stellt hier den fraglichen Satz als die erste Regel zur Beurtheilung der Energien von Christus auf.

ben Honorius verurtheilen, so müssen wir, um consequent zu bleiben, mit Dorner die beiden Formeln: unus operator und una voluntas auf Eine Linie stellen und Sophronius sammt dem sechsten Concil monothe= letischer Gesinnung beschuldigen. Doch das sei ferne. Die Monothele= ten betonten allerdings das Dogma, daß nur Ein Wirkender in Chri= stus ist, aber sie blieben hierbei nicht stehen, sondern zogen daraus ihre Irrlehre von Einer Wirksamkeit (Energie) in Christus. Dieses Letztere kann aber nicht von Honorius nachgewiesen werden, im Gegentheil ge= steht Hefele, daß er im zweiten Briefe die orthodore Lehre ausgesprochen.

Aus dem Gesagten dürfte erhellen, daß mit Unrecht dem Papste vorgeworfen wird, er habe die Energie nur von der Person aus= gehen lassen, und so bliebe uns denn nur noch die Erörterung der Gründe übrig, welche Bossuet zur Beschuldigung des Honorius vor= bringt [1]. Denn wenn es sich zeigt, daß selbst ein Genie, wie Bossuet, nur Nichtiges gegen die Orthodorie des Honorius in einem 20jährigen Studium auffinden konnte, so muß diese in einem um so helleren Lichte sich zeigen. Die Argumente Bossuets lassen sich nun auf drei Gründe zurückführen: 1) Honorius bekenne seine Uebereinstimmung mit dem Glau= ben der beiden Häresiarchen Cyrus und Sergius; 2) er verwerfe die orthodore Formel von zwei Energien in Christus als eine Neuerung; 3) er proscribire nicht nur dieses Wort, sondern auch die durch dasselbe ausgedrückte Glaubenslehre. Für den ersten Punkt beruft er sich auf den Anfang des ersten Briefes des Honorius an Sergius: „Scripta fraternitatis vestrae suscepimus, per quae contentiones quasdam cognovimus introductas per Sophronium quendam adversus fratrem Cyrum, unam operationem Christi conversis ex haeresi praedican- tem." Offenbar haben wir in diesen Worten nichts als eine Notification vom Empfang des Briefes zugleich mit Angabe seines Inhaltes vor uns, wie dergleichen beim Anfang zahlloser Rescripte vorkommt. Hierzu macht nun Bossuet folgenden Commentar: „Quid illud Honorii susci- pientis Cyrum, unam operationem Christi praedicantem? Quid, in- quam, illud est, nisi haereseos, quam Cyrus praedicabat, compro- batio?" Man sieht, Bossuet argumentirt besonders aus dem Worte sus- cipere (in Schutz nehmen), übersieht aber dabei ganz, daß Honorius das Wort nicht auf Cyrus, sondern auf den Brief des Sergius bezogen hat, und daß scripta suscipere wohl nichts anderes als den Empfang des Briefes bedeutet. Dieß kann man nicht nur aus dem griechischen Terte, der $\dot{\varepsilon}\delta\varepsilon\xi\acute{\alpha}\mu\varepsilon\vartheta\alpha$ hat, und aus einem andern lateinischen Terte des Brie= fes, worin accepimus [2] steht, sondern auch aus den unmittelbar folgen=

---

[1] Defensio VII. 22 sq. Dissert. praevia c. 55.
[2] Harduin III. p. 1592.

den Worten ersehen: Litterarum exemplar suscipientes et intuentes, laudamus etc. Man sieht hier, daß „suscipere" dem intueri und laudare vorhergeht und somit nichts anderes als empfangen bedeutet[1]. La Luzerne sucht die Argumentation von Bossuet dadurch zu stützen, daß er hervorhebt, mit welcher Verachtung Honorius von Sophronius spreche, während er auf eine ehrenvolle Weise des Cyrus Erwähnung thue. Und doch gibt es keinen gewöhnlichern Titel, den die Päpste den Bischöfen geben, als der Ausdruck ist, den Honorius gegen Cyrus gebraucht (frater). Denselben gab er im ersten Briefe noch nicht dem ihm unbekannten Sophronius, weil er damals noch keine sichere Kunde von dessen Erhebung zum bischöflichen Stuhle hatte. Als er dieselbe erhielt, gab er diesen Beinamen auch dem Sophronius, wie der zweite Brief beweist. Zudem ist evident, daß Honorius nicht im Geringsten die Predigt des Cyrus billigt, ja nicht nackter den Thatbestand referiren konnte, als er es mit den Worten that: Cyrum unam operationem conversis ex haeresi praedicantem. Doch Bossuet beschuldigt den Honorius auch des Einverständnisses mit dem Häresiarchen Sergius, denn er lobe ihn, daß er sehr vorsichtig dem Sophronius geschrieben und die neuen Wörter, welche Anstoß in der Kirche erregten, beseitigt habe. Es ist nun wiederum klar, daß Honorius hierdurch nicht allen Meinungen des Sergius beipflichtet, sondern nur die Anempfehlung des Stillschweigens über Eine oder zwei Energien in Christus lobt. Ob der Papst hierdurch eine Ketzerei begangen, werden wir beim zweiten Punkte sehen, wir können darum Bossuet in seiner Anklage des Honorius fortfahren lassen. Da Honorius schreibe: Haec nobiscum vestra fraternitas praedicet, sicut et nos ea vobiscum unanimiter praedicamus, behaupte er dieselbe Glaubenslehre einmüthig mit Sergius, dem Häretiker, zu predigen. In seinem Eifer, den Honorius zu verketzern, übersieht Bossuet das Wörtchen haec, wodurch Honorius seine Uebereinstimmung mit Sergius nur auf das, was er vorhin gesagt hatte, einschränkt. Was hatte denn nun Honorius vorhin gelehrt? Er behauptete, man solle mit Vermeidung der unnützen Wortgezänke Jesus Christus, den Einen Wirkenden in der göttlichen und menschlichen Natur, bekennen. Daß dieß von Honorius unter dem Worte haec verstanden wurde, erhellt aus den unmittelbar folgenden Worten, die noch zu dem von Bossuet citirten Satze gehören, und worin der Papst wiederum nur diese Eine Lehre ausspricht: Ein und derselbe Christus habe Göttliches und Menschliches gewirkt. Dieß ist aber, wie wir gesehen, einstimmige Lehre aller hl. Väter, und sie ist darum nicht häretisch geworden, weil Sergius sie

---

[1] Vergleiche auch den Anfang des Briefes von Papst Honorius an den Erzbischof von Canterbury: Susceptis dilectionis Vestrae litteris etc.

in seinem Briefe gleichfalls ausgesprochen hat. Wie kann man also deßhalb, weil Honorius seine Uebereinstimmung mit Sergius in Betreff dieser Lehre ausspricht, schlechthin behaupten, er habe einmüthig mit dem Häresiarchen Sergius lehren wollen! Wenn man einwendet, Honorius habe an den betreffenden Stellen zugleich die Predigt von Einer oder zwei Energien verboten, so gehen wir unvermerkt zum zweiten Punkt der Anklage über, daß Honorius die Formel: zwei Energien als Neuerung verworfen habe. Es handelt sich hierbei durchaus nicht davon, ob Honorius mit seinem Verfahren gut oder schlimm gehandelt hat. Diese Frage haben wir längst beantwortet, sondern es fragt sich, ob er eine Häresie dabei gelehrt. Das ist also zu untersuchen. So innig Wort und Gedanke zusammenhängen, so sind doch beide gänzlich von einander unterschieden; darum kann man in der Absicht, um Wortzänkereien zu verhüten, von einem bestimmten, durch die Kirche noch nicht sanctionirten Ausdruck einer Glaubenswahrheit abmahnen, ohne die Glaubenswahrheit selbst hierdurch als falsch bezeichnen zu wollen. Nur dieß hat Honorius gethan, es kann ihm also deßhalb keine Häresie vorgeworfen werden, besonders da er auch die häretische Formel verwarf und die betreffende Glaubenswahrheit deutlich, wenn auch mit andern Worten, aussprach. Zudem hat der Papst kein strenges Gebot erlassen. Er sagt nur: hortamur, insinuamus, instruximus, niemals aber praecipimus, viel weniger droht er mit Strafen. Er will nur nicht, daß man aus Ausdrücken, die weder von der Schrift, noch von der Kirche sanctionirt seien, Dogmen mache und verweist aus der Predigt dergleichen Fragen in die Schulen der Grammatiker. (Non oportet haec ad dogmata trahere ... relinquentes ea grammaticis.) Dieß dürfte man damit etwas entschuldigen[1], daß der Friede dem schrecklich vom Islam und andern Feinden bedrohten Reiche so nothwendig war. Es wurde das Verfahren des Honorius aber verderblich wegen der Menschen, deren Rath er befolgte, da diese, ohne daß der Papst es ahnte, das erbetene Stillschweigen benutzten, um die orthodoxe Lehre dadurch zu unterdrücken. Hiermit ist nun noch nicht der ganze Einwurf Bossuets gelöst, denn dieser tadelt besonders, daß Honorius von zwei Energien als von einer neuen Erfindung gesprochen, da der Satz doch aus uralter Tradition herstammte. Auch hier müssen wir wiederum zwischen Wort und Wahrheit unterscheiden. Jene Wahrheit war freilich aus uralter Tradition, aber auch von

---

[1] Wer möchte, um ein Beispiel aus unserer Zeit anzuführen, des Irrthums gegen den Glauben jene Theologen zeihen, die, als sie über die Definition des Dogma von der unbefleckten Empfängniß consultirt wurden, dieselbe für nicht zeitgemäß erachteten? Und doch war dieses Dogma Jahrhunderte lang erörtert, nicht aber die Frage, ob zwei Energien in Christus anzunehmen seien.

Honorius ausgesprochen; das **Wort** nennt er neu, wiefern es weder Schrift, noch Synoden gebraucht, sondern die hl. Väter nur nebenbei (gleichsam stammelnd) sich seiner bedient hätten. In der That wird man den Ausdruck: „zwei Energien in Christus" wörtlich weder in der Schrift, noch in Concilienbeschlüssen, ja kaum bei einem oder dem andern Kirchenvater finden. Ex professo war die Sache, wie Döllinger mit Recht behauptet, nie erörtert, ja nicht einmal aufgeworfen. „Aber, fährt Bossuet fort, Honorius hat nicht nur den Ausdruck, sondern auch die durch denselben bezeichnete Sache proscribirt, da er sagt: unius aut duarum operationum fuisse Christum, sentire et promere satis ineptum est." Die Antwort hierauf ist leicht. Der Papst wollte in dem Bestreben, die ihm so lästige Streitigkeit niederzuschlagen, von dem einen wie von dem andern **Worte** abmahnen. Dieß blickt überall aus seinen Schreiben hervor. Immer spricht er von voces, vocabula, nomina grammaticis relinquenda, novae voces, voces novae inventionis, ja er häuft sogar pleonastisch dergleichen Wörter: novae vocis vocabulum (appellatio). Da Honorius außerdem und wiederholt erklärt, nicht definiren zu wollen, ob Eine oder zwei Energien in Christus seien, so hat er gewiß nicht die durch die Formel: „zwei Energien in Christus" bezeichnete Wahrheit direct verboten. Wir beziehen darum sowohl promere als sentire lediglich auf die Formulirung der Streitfrage, und demgemäß wäre der Sinn des fraglichen Satzes: „Ganz zwecklos ist es, den einen oder andern Terminus (für sich) anzunehmen und (Andern gegenüber) auszusprechen (sentire et promere)." Am allerwenigsten hat aber Bossuet Recht, den Satz zu urgiren, denn es zerbricht dieses Argument, wenn er sich darauf stemmt, wie ein Rohrstab und durchbohrt ihn. Obwohl Alexander VIII. auf seinem Todesbette die bekannte Erklärung des gallicanischen Klerus proscribirt hatte, stand Bossuet doch von ihrer Vertheidigung nicht ab. Wie beschwichtigte er sein Gewissen? Er wolle nicht, sagte er [1], ihre Formulirung, sondern nur die darin enthaltene Doctrin vertheidigen, diese sei vom hl. Stuhl nicht als **falsch**, **häretisch** oder **irrig** erklärt. Nun, auch Honorius gebraucht nicht das Wort „falsch" oder einen andern ähnlichen Ausdruck. Will Bossuet also sich mit jener Ausrede entschuldigen, so muß er auch den Honorius rechtfertigen; will er sich aber zur Verdammung des Honorius auf jenen Satz stemmen, so verurtheilt er sich selbst, und er steht da als Bischof, der den so heilig beschwornen Gehorsam gegen den apostolischen Stuhl verletzt hat. Es besteht aber noch ein großer Unterschied in der Sache beider Kirchenfürsten. Alexander VIII. hatte die Bulle auf die ergreifendste Weise eigens in der Absicht erlassen, die genannte Declaration zu ver-

---

[1] Bausset, histoire de Bossuet l. VI. c. 20.

werfen, darum hätte Boffuet gut gethan, die Sache recht scharf zu nehmen und ohne alle Diftinction von der Vertheidigung der Declaration abzustehen; Honorius wollte aber nicht durch eine Definition die Streitfrage über Eine oder zwei Energien erledigen, darum sollte man nicht gegen diese Absicht des Papstes seine Worte pressen. Doch wozu ist diese Entschuldigung nöthig? Honorius kann ja, ohne Gefahr als Häretiker dazustehen, seinem Gegner gestatten, nach Belieben jene Worte zu urgiren. Wir wollen demgemäß annehmen, daß der Papst wirklich die durch das Wort: „duae operationes in Christo" ausgesprochene Doctrin proscribiren wollte, was folgt daraus gegen seine Orthodoxie? Er hätte ja dann nicht nur die Lehre von zwei Energien, sondern auch die von Einer Energie verworfen [1]. Nichtsdestoweniger hat er doch dem Erlöser auch nicht alle Wirksamkeit abgesprochen. Welche schreibt er ihm denn zu? Eine vielfältige, und somit wäre Honorius auch im zweiten Briefe auf demselben Standpunkt stehen geblieben, den er im ersten mit den Worten eingenommen: „Aus der hl. Schrift ersehen wir nicht Eine oder zwei Energien in Christus, sondern erkennen, daß er auf vielfältige Weise wirksam gewesen sei." Honorius nimmt nämlich das Wort ἐνέργεια in einem andern Sinne als die streitenden Parteien. Da dieses Wort damals noch nicht jene fixirte Bedeutung hatte, die es durch die Erörterung der monotheletischen Streitigkeiten bekam, war solches auch zuläfsig. Nicht minder war es dem Zwecke des Papstes angemessen, denn da er die Streitfrage nicht entscheiden, sondern niederschlagen wollte, that er gut daran, das Wort in einem solchen Sinne zu nehmen, daß er beiden Parteien Unrecht geben und somit ihnen um so eher Stillschweigen auferlegen konnte. Doch, dem sei, wie ihm wolle, es ist nicht unsere Absicht, die Briefe des Honorius in Allem zu vertheidigen; nur das muß feststehen, daß es nicht häretisch ist, wenn Honorius dem Erlöser eine mannigfaltige Wirksamkeit zuschreibt. Wie nichtig ist also die Argumentation, womit Boffuet das Hauptbollwerk seiner Sache [2], die Häresie des Honorius, zu decken suchte! Wahrlich, es sind keine Fabeln, noch extrafeine Distinctiönchen [3] nöthig, um diesen Papst gegen ihn zu vertheidigen, nur ein ruhiger, unbefangener Blick wird erfordert, der uns einen einfachen Schluß durchschauen läßt. Denn entweder wollte Honorius lediglich den Ausdruck: „zwei Energien in Christus", nicht aber die dadurch bezeichnete Sache, oder aber Ausdruck und Sache zugleich

---

[1] Unius aut duarum operationum Christum fuisse, sentire et promere ineptum est.

[2] Def. l. VII. c. 21: „Nostrae causae peculiare praesidium praebet Honorius Papa."

[3] Diese Worte werden von Boffuet (l. c. c. 27. c. 26) gebraucht.

proscribiren. Das Erste ist offenbar keine Häresie [1]. Im zweiten Falle wollte Honorius nicht eine einzige oder zweifache, sondern eine vielfältige Wirksamkeit dem Herrn zuschreiben. Auch das ist evident keine Häresie. Wo bleibt aber dann das Argument, das ein Genie wie Bossuet ersonnen? Wahrlich, wir müssen auch hier mit de Maistre sagen: „Ich suche Bossuet, und ich finde ihn nicht." Er mußte an sich selbst die Wahrheit seiner Worte erfahren: „Petrus (der Felsen) lebt in seinen Nachfolgern." Wer auf denselben bauen will, mag nur kühn wie Bossuet die Werke seines Geistes erheben, das Fundament wird sie tragen, der Felsen wanket nicht. Wenn man aber gegen ihn anrennt, muß auch die größte Geisteskraft, Gelehrsamkeit, Thätigkeit zerschellen, der Felsen wanket nicht. Zwanzig Jahre arbeitete Bossuet an dem schon oft erwähnten Werke. Was war die Frucht dieser großen Mühe? Bossuet selbst besorgte auf dem Todesbette, durch die Herausgabe jenes Werkes möchte sein gerecht erworbener Ruf erbleichen.

4. Bedeutung des Anathems über Honorius.

Eine größere Schwierigkeit als die Briefe des Honorius bietet das Anathem, das die sechste Synode über ihn gesprochen hat. Deßhalb treffen wir auch nicht dieselbe Einstimmigkeit der Theologen in der Lösung dieser Schwierigkeit, als in der Vertheidigung des Honorius an. Döllinger hat diese Verschiedenheit und diese theilweisen Widersprüche gegen die Orthodoxie jenes Papstes zu benützen gesucht, doch mit Unrecht. Denn wenn, wie oben gezeigt wurde, die Theologen ganz unbeschadet ihrer Systeme und Meinungen den Honorius verurtheilen konnten und dennoch dessen Orthodoxie mit der größten Standhaftigkeit festhielten trotz der großen Schwierigkeit, die ihnen das Anathem der Synode bereitete, so kann dieß nur daher rühren, daß die Orthodoxie der Briefe des Honorius auf evidenten Gründen beruht. Denn ohne diese verwickelt man sich nicht leicht in solche Schwierigkeiten, die man unbeschadet seiner Ansichten leicht umgehen kann. Trotz der besagten Verschiedenheit stimmen jedoch die meisten Theologen der Ansicht Garniers bei, welcher behauptete, Honorius sei vom sechsten Concil nicht wegen

---

[1] So schreibt Athanasius von jenen Bischöfen, welche zwar die Gottheit Christi glaubten, aber das Wort ὁμοούσιος nicht annehmen wollten: „Als Brüder disputiren wir mit Brüdern, welche denselben Glauben haben und nur das Wort allein zum Gegenstand der Controverse machen" (de Syn. n. 41). Und doch besteht noch ein großer Unterschied zwischen Honorius und jenen Bischöfen, weil das Wort ὁμοούσιος von einer allgemeinen Synode angenommen war, nicht aber der Ausdruck: zwei Energien in Christus.

positiver Häresie, sondern wegen passiver Begünstigung derselben verurtheilt worden, und selbst die Theologen, welche die Integrität der Concilienacten bezweifeln, geben die Zulässigkeit dieser Lösung zu, so daß Fenelon behauptet hat, sie sei die Ansicht aller ultramontanen Vertheidiger des Honorius. Sie läßt sich auch unschwer beweisen, und wir können die Sache kurz abmachen, ohne, wie Garnier thut, alle Stellen zu erörtern, in denen das Concil von Honorius spricht. Es ist nämlich sicher, daß die Beschlüsse eines allgemeinen Concils nur in sofern Gültigkeit haben, als sie vom Papste bestätigt werden. Dieß hat denn auch das sechste Concil dadurch anerkannt, daß es von Agatho die Bestätigung seiner Beschlüsse erbat. Wir müssen demnach sehen, in welcher Weise Leo II. das Anathem über Honorius ausgesprochen hat. Hierauf antwortet nun Döllinger in seinem Lehrbuche [1]: „Leo setzt die Verirrung des Honorius darein, daß er der Häresie durch Nachlässigkeit Vorschub gethan und die Befleckung der Kirche durch dieselbe geduldet habe." Die Erörterung der einzelnen Stellen, in denen Leo von jenem Anathem spricht, gibt uns gleichfalls als Resultat das Urtheil des großen Historikers. In dem Antwortschreiben an den Kaiser, wodurch Leo II. das Concil bestätigte, heißt es [2]: „Wir sprechen das Anathem über die Erfinder des neuen Irrthums, nämlich über Theodor von Pharan, Cyrus von Alexandrien, Sergius, Pyrrhus, Paulus, Petrus, sowie über Honorius, welcher diese apostolische Kirche nicht mit der Lehre der apostolischen Tradition erleuchtete, sondern durch profanes Preisgeben (Verlassen in der Noth) zugab, daß der unbefleckte Glaube befleckt wurde." Auf ähnliche oder noch günstigere Weise drückt sich der Papst in den beiden Schreiben an die Bischöfe und den König Erwig von Spanien aus. Nachdem er auch hier das Anathem über die Monotheleten referirt hatte, setzte er im Briefe an Erwig nach Aufzählung jener noch Folgendes hinzu: „zugleich auch Honorius, welcher zustimmte, daß die unbefleckte Regel der apostolischen Tradition, die er von seinen Vorfahren erhielt, befleckt wurde". In dem andern Brief [3] heißt es: „mit Honorius, welcher die Flamme der Häresie nicht, wie es sich für die apo-

---

[1] Lehrbuch I. 173.
[2] Harduin III. 1475.
[3] Harduin III. 1729. Die Nachlässigkeit, welche Leo dem Honorius vorwirft, ist nichts anderes als Mangel an Wachsamkeit, wodurch dieser Papst von Sergius getäuscht und zur Anempfehlung des Stillschweigens über die Energien in Christus verleitet wurde. Leo willigte auch nur höchst ungerne in die Forderung der Griechen, Honorius zu anathematisiren. Die Furcht vor einem Schisma mit dem Orient scheint ihn endlich dazu bewogen zu haben. Aber auch dann that er es nur mit jener Restriction, wodurch die Rechtgläubigkeit des Honorius, die in Rom immer festgehalten wurde, salvirt wurde.

stolische Autorität ziemte, im Entstehen auslöschte, sondern durch Nach=
lässigkeit förderte." Ganz übereinstimmend lauten die Worte, mit denen
bald nach der sechsten Synode das Anathem über Honorius in den liber
diurnus [1] der Päpste eingetragen wurde. Nach dem Anathem über die
einzelnen Häupter des Monotheletismus wird hinzugefügt: „zugleich mit
Honorius, welcher ihren (der Monotheleten) verkehrten Behauptungen
Förderung verlieh." Bevor wir nun aus der Vergleichung dieser Stel=
len ein Resultat gewinnen, müssen wir zuerst feststellen, was Leo II. unter
den zuerst angeführten Worten verstand. Döllinger meint, Leo wolle
sagen, die römische Kirche wäre von der Irrlehre befleckt, und setzt hinzu:
„damit war fast mehr gesagt, als dem geschichtlichen Hergange entsprach,
da Honorius der einzige Anhänger des Monotheletismus in Rom ge=
wesen." Doch diese Interpretation scheint nicht zulässig, denn gewiß
hat der hl. Leo keine Beschuldigung gegen seine Kirche erhoben, die dem
offenkundigen, geschichtlichen Hergang zuwider war; zudem bedeutet προδοσία nicht Irrthum, sondern wie Hefele richtig bemerkt: Preisgeben,
Verlassen in der Noth. Deßhalb ist die Erklärung vorzuziehen, welche
der Verfasser des trefflichen Artikels über Honorius im „Katholiken"
vor Kurzem gab, die Befleckung der Kirche sei nämlich dadurch geschehen,
daß ihr Haupt durch jenes Preisgeben des Glaubens sich mit schwerer
Schuld besudelte. Es ist nämlich etwas Gewöhnliches bei den Vätern,
daß sie die Kirche und besonders die römische Kirche mit ihrem Bischofe
als Eins betrachten. Wenn wir jedoch den griechischen Text: ὅστις ταύ-
την τὴν ἀποστολικὴν ἐκκλησίαν οὐκ ἐπεχείρησε διδασκαλίᾳ ἀποστολικῆς παραδόσεως ἁγνίσαι, ἀλλὰ τῇ βεβήλῳ προδοσίᾳ μιανθῆναι
τὴν ἄσπιλον παρεχώρησε, mit der Stelle im Briefe an Erwig verglei=
chen, so können wir auch mit der alten lateinischen Uebersetzung und
Hefele τὴν ἄσπιλον (die unbefleckte) auf das unmittelbar vorhergehende
διδασκαλίᾳ ἀποστολικῆς παραδόσεως (die Lehre der apostolischen Tra=
dition), und nicht auf das entferntere ἐκκλησίαν beziehen, denn auch
im Briefe an Erwig bezieht Leo die Befleckung auf die unbefleckte Lehre
(Regel) der apostolischen Tradition, und wir hätten somit in diesem
Briefe ein fast wörtliches Citat aus dem Bestätigungsschreiben an Con=
stantin. Honorius ließ aber den apostolischen Glauben befleckt werden,
indem er nicht verhinderte, daß der Glaube der Kirche in vielen ihrer
Glieder durch den Irrwahn besudelt wurde. Während wir nun hierin
der Interpretation Hefele's vor derjenigen Döllingers den Vorzug geben,
müssen wir in einem andern Punkte gerade das Gegentheil thun. Döl=
linger erklärt nämlich die Stellen aus den Briefen an Erwig und die

---

[1] Garnier, liber diurnus ed. Migne p. 52.

spanischen Bischöfe in folgender Weise: „Honorius hat nur geschehen lassen, daß die reine Lehre befleckt wurde; er ist nur nicht wachsam oder vorsichtig genug gewesen [1]." Hefele dagegen nennt diese Auslegung irrig [2], denn Leo spreche nicht von einer bloßen Nachlässigkeit, sondern auch von einer Zustimmung (maculari consensit). Doch die Unrichtigkeit dieser Behauptung, welche in dem Worte Zustimmung etwas mehr sieht als eine bloße Nachlässigkeit und Mangel an Wachsamkeit, läßt sich unschwer aus zwei sichern Grundsätzen erkennen. Der erste wird auch von Hefele aufgestellt und ist durchaus nothwendig, um die Strenge der Kirche gegen Honorius, der subjectiv wahrscheinlich nur eine höchst geringe Schuld auf sich geladen hatte, zu begreifen. „Was Honorius faktisch sagte, verkündigte, behauptete, das galt und darnach mußte die Synode (und mithin auch der Papst) urtheilen [3]." Was Leo schrieb, bezog sich lediglich auf den objectiven Sachverhalt, nicht auf die subjective Intention des Honorius. Der zweite Grundsatz ist nicht minder gewiß: derjenige nämlich, der verpflichtet ist, etwas zu verhindern, solches thun kann und es dennoch geschehen läßt, darf als zustimmend betrachtet werden. So erklärt man allgemein in der Jurisprudenz und Moral den Spruch des canonischen Rechtes: qui tacet, consentire videtur [4], und solche Erklärung ist in der Natur der Sache begründet. Nun, wenden wir diese Grundsätze auf das fragliche Factum an. Konnte Honorius das Wachsthum der Häresie verhindern? Ganz gewiß, wenn er nur auf die Vorstellungen des Sophronius gehört hätte und dem Sergius energisch entgegen getreten wäre. War es die Pflicht des Papstes, solches zu thun? Ohne Zweifel. Hat er es gethan? Durchaus nicht. Demgemäß konnte Leo einzig und allein wegen Mangel an Wachsamkeit den Honorius als zustimmend zu diesem Wachsthum der Häresie betrachten und bezüchtigen, weil er eben nicht auf die rein subjectiven Entlastungsgründe zu sehen braucht. Müssen wir also mit Hefele die προδοσία des Honorius nur als ein Preisgeben, ein Verlassen in der Noth betrachten, so dürfen wir gleichfalls mit Döllinger den Consens des Papstes als ein bloßes Geschehenlassen, als einen Mangel an Wachsamkeit deuten und somit wäre in diesen beiden Stellen gar nichts anderes

---

[1] Papstfabeln S. 138.
[2] Hefele, Conciliengesch. III. 270.
[3] Hefele, Conciliengesch. III. 269.
[4] So sagte Vangerow in einer Vorlesung über Pandekten von dieser Regel, sie wäre in dieser allgemeinen Fassung zu unbestimmt, mehr präcisirt fände sie auch im römischen Rechte ihre Anwendung. Als solche präcisere Fassung gab er sodann an: „Qui tacet, quum loqui debuit et potuit, consentire videtur." Die obige Rechtsregel war übrigens schon von Gregor I. aufgestellt.

gesagt, als was in den andern enthalten ist, daß Honorius nämlich durch Nachlässigkeit der Häresie Vorschub geleistet hätte. In keiner der Stellen bezüchtigt Leo seinen Vorgänger der Häresie, sondern unterscheidet ihn, wie Hefele sagt, „von den eigentlichen inventores novi erroris, anathematisirt ihn nicht als einen aus ihnen, sondern mit ihnen." Nach dieser Erörterung müssen wir durchaus dem oben citirten Ausspruch Argentré's beistimmen, der Papst habe das Urtheil der sechsten Synode unter dem Vorbehalt bestätigt, daß er den Honorius **nur wegen Begünstigung der Häresie** anathematisirte, und da die Gültigkeit der Concilienbeschlüsse durchaus von der Bestätigung des Papstes abhängt, können wir unbedingt der Meinung der größten und zahlreichsten Theologen folgen: Honorius sei vom sechsten Concil nicht wegen Häresie, sondern wegen Begünstigung der Häresie verurtheilt. Wir dürfen uns in dieser Behauptung nicht beirren lassen, wenn Bossuet und Döllinger sagen, nicht nur das achte Concil habe das Anathem über Honorius bestätigt, sondern auch Papst Hadrian II. noch besonders in seinem, den Acten der achten Synode beigefügten Schreiben bemerkt: „der Häresie wegen sei Honorius angeklagt und verurtheilt worden." Denn es versteht sich von selbst, daß, wenn man einfach ein Urtheil anführt, resp. bestätigt, ohne daß die Sache selbst wieder aufgenommen und untersucht wird, hierdurch gar nichts am frühern Urtheil abgeändert wird. Wurde also Honorius von der sechsten Synode nicht wegen positiver Häresie, sondern wegen deren Begünstigung anathematisirt, so ist hieran durch die Bestätigung und noch weniger durch die Anführung dieses Urtheils etwas an seinem Inhalte verändert. Wir müssen mithin nach einem ganz gewöhnlichen Sprachgebrauch die Worte Hadrians darauf beziehen, daß Honorius durch Mangel an Wachsamkeit an der Schuld einer ihm sonst fremden Sünde, der Häresie, theilgenommen und darum verurtheilt wurde. Nehmen wir, um die Sache durch ein Beispiel aus dem gewöhnlichen Leben klar zu machen, einmal an, Mehrere seien vom Gerichte verurtheilt worden, die einen, weil sie wirklich Diebstahl verübt, die andern, weil sie, obwohl ihr Amt sie zur Wachsamkeit verpflichtete und sie leicht den Diebstahl verhindern konnten, dennoch solches aus ihrer Schuld unterließen; in einem solchen Falle würde man gewiß von allen sagen können, sie wären wegen Diebstahl, nicht aber wegen Mord verurtheilt. So auch will Hadrian II. von Honorius sagen, er sei in Sachen der Häresie, nicht aber wegen eines andern kirchlichen Vergehens verurtheilt, hatte er auch an dieser des Bannes würdigen Sünde nur durch Mangel an Wachsamkeit theilgenommen. Wir machen hiermit nicht, wie uns Bossuet vorwirft, ein subtiles Distinctiönchen; denn mag der Ausdruck: „positive und negative Häresie" subtil klingen, die Sache ist an und für sich so einfach, daß auch der Unge-

bildete sie im Katechismus beim Kapitel von den fremden Sünden er=
lernen muß. Wir müssen zudem noch bedenken, daß das sechste allge=
meine Concil das Schreiben bestätigte, worin, wie wir oben gesehen,
die stete Orthodorie der Päpste speciell mit Bezug auf Honorius
behauptet war. Wollen wir also nicht das Concil mit sich selbst, und
Papst Leo mit Papst Agatho in Widerspruch bringen, so müssen wir
durchaus festhalten, daß Honorius nicht als Häretiker anathematisirt ist.

Nach dieser Erörterung glauben wir an der allgemeinen Meinung
der Theologen festhalten zu müssen, daß nämlich Honorius keine Häresie
gelehrt habe, noch auch deßhalb von der Synode verurtheilt wurde,
sondern daß er durch unkluges Verfahren der Häresie mächtigen Vor=
schub leistete und deßhalb dem Anathem verfiel. An und für sich hat die
Frage nicht die Wichtigkeit, welche sie auf den ersten Blick zu haben
scheint. Da nämlich Honorius die monotheletische Frage nicht durch
eine definitio ex cathedra entscheiden wollte, so folgt gar nichts gegen
die Unfehlbarkeit des Papstes, auch wenn man die Orthodorie des Ho=
norius leugnen zu müssen glaubt.

Darum ist die Honorius=Frage in dogmatischer Beziehung nicht
von so großer Bedeutung. Nichtsdestoweniger würde es Unrecht sein,
die aus einer so langwierigen und sorgfältigen Erörterung hervorgegan=
gene Ansicht von der Orthodorie des Honorius aufzugeben. An einem
herrlichen Bau gibt es außer den festen Mauern noch eine Menge von
Dingen, die man hinwegnehmen kann, ohne jene massiven Theile zu
zerstören. Dennoch würde es verkehrt sein, solches zu thun, da sie dem
Gebäude zur Zierde, ja auch zum Schutze gereichen. So verhält es
sich auch mit dem Tempel der katholischen Theologie, an dem die größ=
ten Geister mit riesenmäßiger Anstrengung während fast zweitausend
Jahren gebaut haben. Außer den Dogmen, welche die Fundamente und
massiven Theile abgeben, gibt es eine Menge Fragen, die man leugnen
kann, ohne die Dogmen selbst zu verwerfen, die aber nichtsdestoweniger
zur Zierde und zum Schutze des katholischen Glaubens dienen. Darum
scheuten sich auch die Träger der katholischen Wissenschaft, ohne zwin=
gende Gründe das, was ihre Vorgänger erbaut, zu zerstören, mochte es
auch in keinem nothwendigen Zusammenhang mit dem Dogma stehen,
und so finden wir eine große Uebereinstimmung in der Behandlung
mancher dieser weniger wichtigen Fragen, wenn wir ihre Entwickelung
von Jahrhundert zu Jahrhundert verfolgen. Hierauf machte schon Pe=
tavius, „der Reformator der Dogmatik und Vater der Dogmengeschichte",
aufmerksam, ja er behauptete, sein großes Werk würde zur Vertheidigung
der Scholastiker dienen, da es zeige, daß schon die hl. Väter dieselben
Fragen behandelten, mit denen die Scholastiker nach dem Vorwurf ihrer
Gegner die Wissenschaft überladen hätten. Und in der That, die ver=

schiedenen Richtungen der katholischen Wissenschaft, wie sie zu verschiedener Zeit, ja auch in verschiedenen Schulen derselben Zeit hervortraten, sind keine Gegensätze, daß die einen niederreißen, was die andern erbauen, sie sollen vielmehr einhellig an demselben Bau arbeiten, da sie sich gegenseitig ergänzen, ja ohne einander nicht bestehen können. Wenn darum die Theologen auch in ganz freien Fragen einmüthig etwas behauptet haben, so sollte man nicht ohne zwingende Gründe dasselbe bekämpfen; nicht nur die Achtung und Liebe zur katholischen Wissenschaft muß uns dazu antreiben, sondern ebenso sehr die Liebe zur Wahrheit, die natürlich über Alles geht; denn schwerlich wird man eine Meinung, in der so große Einstimmigkeit unter den tüchtigsten Gelehrten herrscht, als falsch erweisen. Dieß hat uns bewogen, die Ansicht so vieler Theologen in der Honorius-Frage zu vertheidigen und den Vorwurf zurückweisen, daß sie das, was ausdrücklich und bestimmt in den Briefen des Honorius enthalten sei, übersehen, den klaren, unzweifelhaften Worten eines allgemeinen Concils Gewalt angethan und beharrlich widersprochen hätten.